手取り25万円で子育てしながら
1億円ためる方法教えます

ぶっちゃけ
FIRE

寺澤伸洋

主婦と生活社

一般的な
FIREの定義

「若いうちから経済的安定を獲得し、
早期退職することで、仕事ばかりの
疲れた人生から 脱却しよう」という人生設計。

本書が提唱する
FIREの定義

「地に足のついた安定と、
会社や仕事に拘束されない自由」の
両方を構築した、幸福な人生設計。

経済的独立を達成し、
第2の人生をあなたらしく過ごす。
そんな、FIREという生き方を
目指してみませんか。

「ＦＩＲＥした人って仕事を辞めて
毎日何をして暮らしているんだろう」
こんな声をよく聞きます。

しかし、ＦＩＲＥとは、
一般的に思われているように
ただお金を貯めて会社を辞め、
その後、何もしない生活を
送ることではありません。

今は好きで得意なことが見つかれば、
それで生きていける時代。

そうした天職を見つけることで、
会社の給与以外の収入源を作り出し、
それをもとに、会社に拘束される人生ではなく、
自分の好きなことに、
好きなように時間を使う人生へとリスタートすること。

これが本書で提案するＦＩＲＥのあり方です。

人が幸せになるためには、
次の4つの要素が満たされる必要があります。
■時間　■お金
■友だち　■健康

しかし、
学生時代には、お金がありません。
会社員時代には、時間がありません。
定年後には、健康がありません。

実は一般的な人生では、どの時間を切り取っても、
4つが満たされるタイミングがないのです。

ですが今、僕やまわりにいるＦＩＲＥした方々は、
まさにこの４つが同時に満たされていると感じています。

収入を増やす
支出を減らす
お金を運用する
それと並行して、自分はどのような
価値を生み出せるかを考える

若いうちからこうした努力を積み上げてきた結果、
僕たちはみな、自分の力で稼ぎ、
健康なうちに自由な時間を手に入れています。

本書を読むことで、
ＦＩＲＥという生き方に魅力を感じ、
あなたの人生の選択肢に加えていただければ、
これほどうれしいことはありません。

きちんとした知識を持ち、正しいプロセスを踏めば、
こうした人生の実現に着実に近づいていきます。

あなたにとって後悔のない
最高の生き方とはどういうものか。
本書がそれを考える
ひとつのきっかけになりますように。

はじめに――この会社を卒業しようと思います

２０２１年6月のある月曜の朝、僕は上司とのミーティングで、会社を辞める意志を告げました。金曜日に辞めようと思い立ってから、土・日に家族の同意を得て、その日を迎えるというなんともスピーディな決定でした。

このとき僕の年齢は44歳。総資産１億１０００万円を達成し、勤めていた企業を退職しました。そして企業からの卒業だけにとどまらず、会社員からも卒業し、好きで得意なことをして生きていくＦＩＲＥの方向に舵を切ったのです。

しかし、ここまでの道のりは決して順風満帆だったわけではありません。

僕は新卒で入った会社を若気の至りで10か月で退職。その後入った日系企業では40

歳まで役職なしの平社員で手取り25万円の生活でした。その後40歳で外資系企業の転職にチャレンジしてからの4年間で人生が大きく変わりましたが、それまではとにかく夫婦でお金について議論をし、コツコツ貯金を積み上げながら生きてきました。

また、妻は第1子出産後、育児休暇明けに勤めていた企業の総合職から一般職への変更を打診され、交渉の結果退職しました。そこからはパート、契約社員、正社員と働き方を変えながら、第2子を出産。その後はファイナンシャルプランナーとして独立して今に至ります。

このように僕たちは、どこにでもいる夫婦だったのです。

そして、そんな僕たちでも1億円を貯めることができたのです。

ただ、FIREに踏み切るまでにはふたつの壁を越える必要があり、それを乗り越えるには時間がかかりました。壁のひとつめは金銭的不安、ふたつめは無意識のうちに常識にとらわれていたことです。

ひとつめの「金銭的不安」に関しては、結婚当初から現在に至るまで、妻と一緒にお金をどう貯めていくのか、どう使うかを議論してきました。そしてＦＩＲＥ後のプランニングをおこない、将来を見える化することによって、不安を解消していきました。

ふたつめの「無意識のうちにとらわれていた常識」とは、60歳定年制度です。

僕は、「60歳まで頑張れば定年」という世間の常識をずっと刷りこまれてきました。毎年60歳を迎える方々を定年退職者として送り出しながら、「自分もあと20年、30年働けば、数千万円の退職金をもらって、あの人たちみたいに悠々自適な生活ができる……」、そんなことを思っていたのです。

僕の中のこの常識は、ある日ＦＩＲＥという言葉を知ったことで崩れていきました。

僕はこのＦＩＲＥという概念をはじめて知ったとき、「ああ、そうか！　定年になれば会社から解放されるとずっと思ってたけど、我慢に我慢を重ねて60歳まで働き続けないといけないわけじゃないいんだ！」と、雷に打たれたかのような衝撃を受けたのです。

それからというもの、僕はＦＩＲＥに関する記事や書籍を読みあさりました。ＦＩＲＥのコンセプトに魅せられた僕は、「60歳や70歳になってから自由を手にしても遅すぎる！20年後に得られる自由と今の自由はまったく価値が違うはず。まだ元気でやりたいことがいっぱいある40代前半のうちに、自由を手に入れたい！」という気持ちではちきれんばかりでした。

ところが、いざ参考になりそうな考え方を探してみても、なかなか「これだ！」と思える情報には出合えませんでした。

というのも、当時のＦＩＲＥに関する情報は主に独身者向けのものばかり。僕のように妻や子どもがいる人がどう考えればいいのかについて触れられていることなど、ほぼなかったのです。

またそうした情報では、「ＦＩＲＥ＝株式投資で資産を増やすこと」だと言わんばかりに投資について解説されていました。僕はＦＩＲＥをすることによって実際の生活や気持ちにどのような変化があるのかなど、ＦＩＲＥした人にしかわからない世界観や、彼らの生の息づかいを知りたかったのですが、なかなかそういう類の情報に出合えなかったのです。

そこで、自分が知りたいと思える情報は、きっと同じようにＦＩＲＥに興味がある人も知りたいに違いないと考えました。こうして、「世の中にないなら、自分がＦＩＲＥしてその経験を書こう」と決心し、「家族を持ちながらＦＩＲＥまで至った道のり、そしてＦＩＲＥ後のリアル」を記していくことにしたのです。

本書で僕の経験を追体験していただくことで、ＦＩＲＥに対する判断材料にしてもらいたい。そして、ＦＩＲＥに踏み切る同志を増やしたい。そういう思いで筆を執りました。

本書が、みなさまの人生を変えるための一助になれば幸いです。

寺澤伸洋《てらさわのぶひろ》

自己紹介

著者・寺澤伸洋

みなさまはじめまして、寺澤伸洋と申します。現在は作家・講演家として、幅広いカテゴリに25冊以上出版しつつ、さまざまなところでお話をさせていただいています。

僕は日系企業に17年間勤めたあと、外資系企業に転職。その在職中に執筆活動をスタートし、それを機に44歳で1億円強を貯めた時点で退職。FIREを達成し、第2の人生をスタートしました。

ただ、せっかくFIREしたのに単なる作家・講演家で終わりたくないと思っており、いろいろな人と出会い、語り合い、多くのことにチャレンジしながら、「遊ぶように生きる」を体現していきたいと考えています。

本書では、そうした今までの僕の経験を赤裸々に綴りました。FIREに至るまでの一部始終、そしてFIRE後の心境の変化をお楽しみください。

HP	X	著書一覧
https://cheersmywife.com/	@ohtsuma	https://cheersmywife.com/books/

妻・寺澤真奈美

妻の真奈美は2016年に独立。現在はリンクプライズ株式会社代表で、保険や金融商品を販売しないファイナンシャルプランナー(FP)としてマネー相談を提供。米国ギャラップ社認定ストレングスコーチ® の資格も持ち、FP×コーチ視点でクライアントの強みを引き出しています。

また、コラム執筆、テレビ、ラジオ、Webメディアへの出演など多岐にわたって活動をしており、『子どもにかかるお金大全』の出版もしています。

寺澤家が1億円の資産を貯めることができた裏には、こうしたお金の知識に深い妻の存在が非常に大きかったと言えるでしょう。

本書でも、妻がところどころ僕の行動に対して適切で鋭いアドバイスをしてくれています。そういったところも楽しみながら、お読みいただければうれしいです。

HP	X	子どもにかかるお金大全
https://manami-terasawa.com	@manami_terasawa	https://www.amazon.co.jp/dp/4334953859/

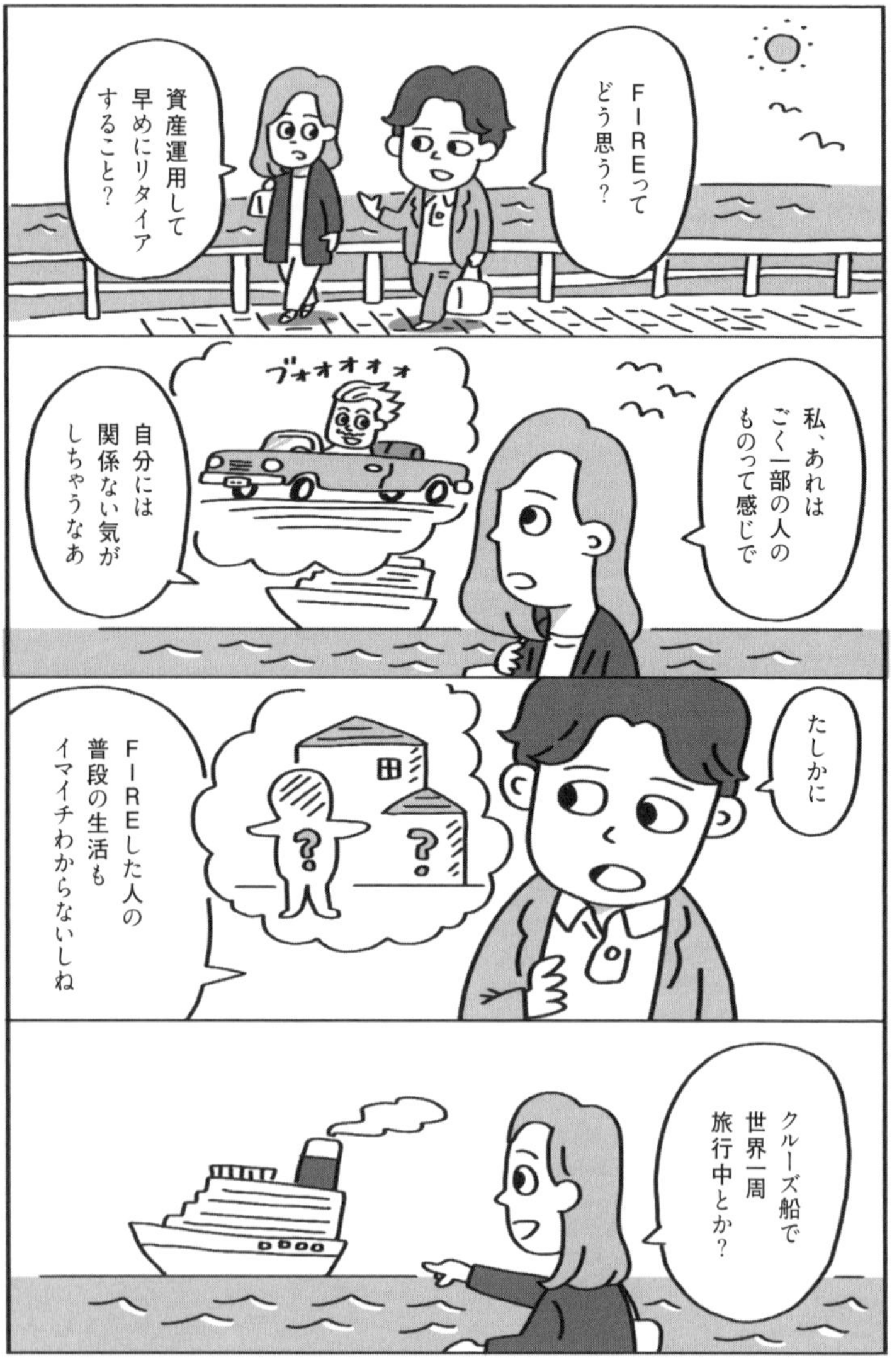
FIREってどう思う？
資産運用して早めにリタイアすること？
私、あれはごく一部の人のものって感じで
ブォオオオオ
自分には関係ない気がしちゃうなあ
たしかに
FIREした人の普段の生活もイマイチわからないしね
クルーズ船で世界一周旅行中とか？

運用益だけで生活するとしたら
えー
毎日カツカツの節約生活かもしれないね
リタイアして時間に余裕があっても
4畳半…
おなかすいたー
暮らしに余裕がなかったら私は嫌かな
でもお金が心配でリタイアしなかったら
どこ行きたい？
つかれたわ家にいましょ…
引退後はもう体力残ってないかもよ？
うーん…
FIREした人が具体的にどんな生活してるかを知りたいよね
そうだね
まずはそこからだね

もくじ

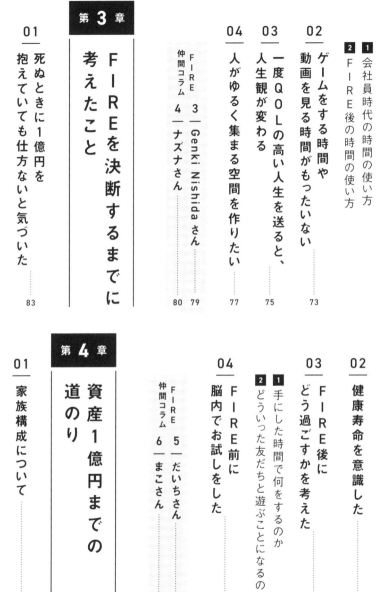

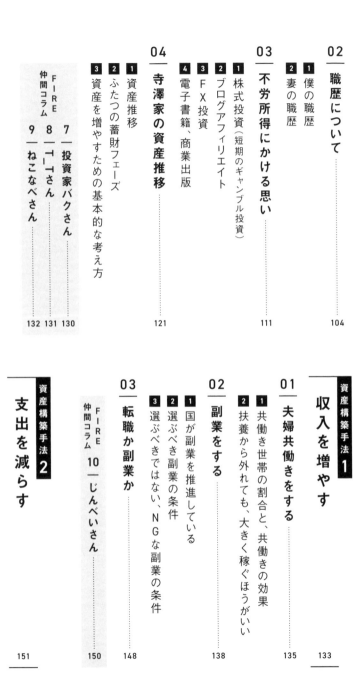

第5章 家庭を持つ人のFIREに必要なこと

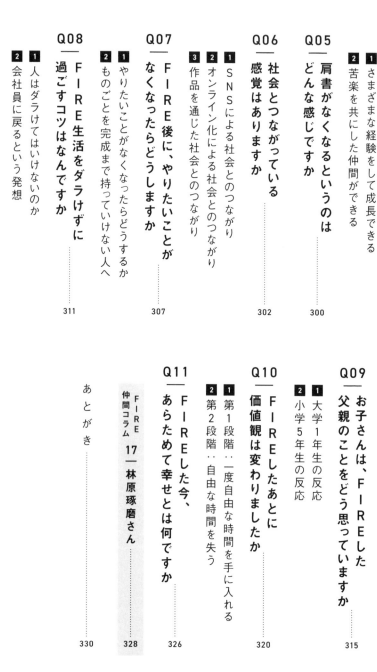

第1章

新しいFIRE とはなにか!?

ＦＩＲＥには多様なとらえ方があり、その実現にもさまざまな道のりがあります。一般的なＦＩＲＥの概念にとらわれすぎず、自分に一番合った形を選ぶことが非常に重要です。

本章では、一般的なＦＩＲＥの概念と対比しながら、僕がＦＩＲＥしてからたどり着いた〝新しいＦＩＲＥの定義〟について述べていきます。

01 いわゆるＦＩＲＥの定義とは

あなたはＦＩＲＥと聞くと、どのような内容を頭に思い浮かべるでしょうか。主なキーワードとしては、「資産運用」、「1億円」、「不労所得」、「自由」といったところかと思います。これはどのようにして実現可能なのでしょうか。

FIREとは、もともとFinancial Independence, Retire Earlyの頭文字をとった造語。これは、「若いうちから経済的安定を獲得し、早期退職をすることで、仕事ばかりの疲れた人生から脱却しよう」という人生設計のことで、2014年ごろからアメリカでブームになり、最近では日本でも20代や30代の若者を中心に急速に広まってきた考え方のことです。

1 4%ルール

一般的に言われているFIREの実現方法として「4%ルール」があります。これは、**「年間支出の25倍の資産があれば、年利4%の運用益を継続的に得ることで生活していくことができる」**という考え方。ザックリいうと、1年間の資産運用で得られる利益だけで、その1年間暮らしていけるということです。

これは、「米国株式（S&P500）と米国債を50対50の割合で保有し、年間4%未満の取り崩し額で生活すれば、30年以上にわたって資産が尽きることはほとんどない」という米国のトリニティ大学の調査結果に基づいて算出されています。これを根拠として、**毎年の生活費を資産の4％以内に抑えたら、理論上一切働くことなく、運用益だけで生活できるというのがＦＩＲＥの基本的な概念です。**

たとえば年間支出が４００万円の人の場合、次のようになります。

1. １億円の資産を貯める（４００万円×25倍）
2. １億円を年利４％で運用する（＝年４００万円の収入を得る）
3. 年間４００万円以内の支出で生活する

ネット上のさまざまな記事には、みな一様にこうした定義が書いてあります。ただこの考え方は、たしかに理屈上は成り立つものの、個人的には次のようにいろいろと引っかかるところがありました。

1. この運用益はあくまでも過去を見たうえでのシミュレーション上の平均値であり、常に年利４％で運用できるわけではないこと。
2. 年利４％で年４００万円の収入を得るためには、資産のほぼすべてを運用に回さないといけない計算となり、手元に現金がまったく残っていない状態になること。
3. ボロボロの家に住み、友だちとも会わずに、食事も毎食カップ麺やモヤシにして年間支出を極端に最小化したらＦＩＲＥは達成しやすくなるかもしれないが、そんな人生で楽しいのだろうか？　ということ。

こうしたことを考えると、キャッチーなコンセプトや机上の空論に踊らされず、ＦＩＲＥというものをもっと現実的に見つめ直し、計画を立てないといけないなと感じたのです。

2 実際には、資産を取り崩している人はいない

この4%ルールの概念が広がりすぎたため、「FIREをした」というと、「もう働いてないいんでしょ?」と言われることが多いのですが、実際は「働いていない」のではなく、**「自分の好きなことで収益を得る生活にシフトした」と表現したほうが正しい**と感じます。今どきのFIREは、もう定義自体が変わってきているのです。

しかも、僕のまわりのFIRE友だちの中で、資産を取り崩しながら生活している人はひとりとしていません。むしろまだまだ収入を得て、投資を継続している人たちのほうが大多数です。

02 独身者と既婚者のFIREの違い

独身者か既婚者かによっても、FIREに対するスタンスが変わってきます。

仮に独身者が1億円を貯めて、それを年利4％で運用できたとしましょう。ひとりなら、安い部屋を借りて、節約をしながら毎日好きなだけ本を読んで、ゲームをして、散歩して、コストを抑えた食事をとる生活をすることで、年間400万円もあれば十分生きていけるでしょう。

ちなみに支出の最小化は、「実家や狭いワンルームに住んで、毎日ワンコインの牛丼を食べて暮らせばいい。その分、とにかく好きなものにお金を回したい」といった方向に行きがちです。

それもひとつの考え方、生き方であり、否定するものではありませんが、家庭を持っている場合は、家族の意見も尊重する必要があるため、一方的に自分の考えを押しつけるわけにはいきません。

家族の人数に応じて3LDK、4LDKといった部屋が必要になってくるでしょうし、広さに伴って家賃も上がっていきます。食費も家族の人数分だけかかるようになるし、子どもたちの学費や習い事のお金も必要になってきます。

ときには家族で旅行にも行きたいし、子どもたちにもさまざまな経験をさせつつ都心部で暮らそうと思うと、年400万円では足りません。もしその金額の範囲内で生活することが必須条件であるならば、全体的にかなり切り詰めないといけなくなってきます。

このように、コントロールできる支出の範囲が狭くなる点が、独身者と違う点です。

節約は大事、とはいえあまりにやりすぎて家族に我慢を強いるわけにもいかないので、家族につらい思いをさせないレベルでお金をきちんと使えるような環境を作りつつ、自分の自由を実現しないといけないのです。

もし、今FIREを目指している方が、夫婦で厳しい節約生活をする覚悟でそれを実現しようとしているなら、少し考え直してほしいと思います。

仮に20年間も頑張って夫婦で力をあわせて資産を貯めて、FIREだと称して会社を辞めたとしても、その結果家族そろって今以上に質素な生活をしなければいけないのであるならば、それは本当に望んでいた姿だったのでしょうか。何のための資産なのでしょうか。

僕は、それは「理想とする家族の姿」から遠のいてしまっているように感じています。

ですから、家庭を持ったら独身時代とまったく違うプランを練らないといけません。

しかし、世の中でFIREしている人の体験談の大半は独身が前提。なので、僕はあえてそこにチャレンジして、**「このように計画したら、家庭を持っていても理想的なＦＩＲＥができる」という希望の光を与えたいのです。**

そして僕は、その理想を実現する手法として、**「資産の元本を減らさないように細々と暮らす」という従来の概念から形を変えた、新しいＦＩＲＥの形を提起したいのです。**

■新しいＦＩＲＥの定義

さて、ここにおいて、僕は次のようにＦＩＲＥの新しい定義を提唱したいと思います。それは、**「ＦＩＲＥのＲＥをリタイアのＲＥではなく、２度めの人生のリスタートのＲＥだととらえる」ということです。**

ＦＩＲＥ＝Financial Independence, REstart your life.

この考え方には多くのＦＩＲＥ仲間たちが賛同してくれていて、みな精力的に第２

の人生を楽しんでいます。

また、ＦＩについても表面上の文言は変わらないものの、その意味は従来の考え方から変えていったほうが、ＦＩＲＥの実態に沿っていると考えます。

そこで、僕が考えるこのＦＩ／ＲＥそれぞれの新しい定義について、これから触れていくことにしましょう。

03 ＦＩ（経済的独立）の新しい定義

ＦＩ、すなわち経済的独立は、従来の定義では４％ルールの考え方により「年間支出の25倍の金額を貯めること」だとされてきました。

ですが、落ち着いてまわりを見渡してみてください。給与のよい会社で働きながら投資をし、僕たちよりも多くの資産を築いているビジネスマンはゴマンといますが、その方たちがＦＩＲＥに踏み切れるかというと、決してそんなことはありません。

むしろ彼らは、従来の定義でのＦＩをいくら達成しても、きっと会社を辞めることはできないでしょう。その理由は、次のとおりです。

1 大きく変わった市場環境

一例として、２０２２年に市場環境が大きく変わりました。米国市場が大幅に下落。さらにＦＩＲＥの発祥の地アメリカでは強烈なインフレが起こり、物価が急騰。投資の運用益だけで生きていくには、あまりにも急激に状況が様変わりしてしまったのです。

「株式市場の暴落やインフレといった不確定要素が多すぎる」
「そら見たことか。投資で生きていくなんて不可能に決まってる」
「やっぱり会社員が最強なんだよ」

ＳＮＳ上でも、そんな声が四方八方から聞こえてきていました。

たしかにそんな状況下で、**もし株の成長だけを頼りにしてＦＩＲＥをしていたら、顔面蒼白になっていたでしょうし、こんなことなら会社を辞めなければよかったと後悔もしていたことでしょう。**

従来の定義上で「ＦＩを達成した」といえるレベルのお金を貯めた会社員でもＦＩＲＥに踏み切れないのは、こうした不確定要素がひとつの要因となっているのは間違いありません。

2 地に足をつけたＦＩを再定義する

ようはどれだけお金を貯めたとしても、会社を辞めようとすると、この不確定要素の不安が一生つきまとうわけです。

では、この不確定要素のもとでは、ＦＩＲＥをすることなど夢物語なのでしょうか。

僕はそうは思いません。ただし、今までのＦＩの考え方だと、これまで述べてきたように、不確定要素の呪縛から逃れることはできないだろうなと思います。

そこで、僕がこれまでＦＩＲＥされた方々と交流してきてたどり着いた結論は、次のとおりです。

・結局４％ルールは、地に足がついていない机上の空論である
・しかし、地に足をつけたＦＩを達成すれば、ＦＩＲＥは可能である

ここで僕が「地に足がついていないＦＩ／地に足をつけたＦＩ」という言葉をどういう意味で使っているのか、説明しておきます。

■ 地に足がついていない４％ルールでのＦＩ

まず、「４％ルールは地に足がついていない」と述べました。**これは投資の運用益（特に市場の成長による運用益）が必ず４％得られるという確証が得られていない、希望的観測に基づいたものであるということに大きく起因します。**

長期視点で見れば15年後、20年後に平均して年４％上がっていたということはあるでしょう。ですが数年という短期視点で見た場合には、その限りではありません。株式の成長は不確実性が高く、それだけをベースに自分の将来設計をすることは、まさに緩い地盤の上に家を建てるようなものなのです。

それだけ、**世の中に出回っている「こうすればＦＩＲＥできる！」という記事は単なるシミュレーションに基づいた何の根拠もないものだということでしょう。**

■ 地に足をつけたＦＩ

一方で会社員として毎日会社のために働くことでお金をもらえる環境は、「必ず毎月一定の給与が支払われる」という確たる安心感があります。これは紛れもなく、「地に足をつけている」といえるでしょう。

ですが、それと引き換えに「いつ、どこで、何をしてもいい」という自由はありません。

その自由を手に入れるためには会社を辞める必要がありますが、収入源が会社からの給与しかない場合、会社から経済的に鎖をつけられている拘束状態となります。これはＦＩ（経済的独立）とは対照的な状態といえるでしょう。

こう考えると、「地に足をつけたＦＩ」とは、次のふたつの要素を満たしている状態であるといえます。

- ある程度安定的に収入が見込める（地に足をつけている）
- 会社に経済的に拘束をされない（経済的に独立している）

このふたつの観点を同時に満たす状況というのは、「会社を辞めても、何らかの安定的な収入源がある状態」となります。それをSNS上では「サイドFIRE」と呼ぶことが多いのです。

ちなみにサイドFIREは、次のように定義されます。

「サイドFIREとは、資産運用をしながら、労働収入も得て生活していくFIREのこと。通常のFIREと比べて用意する資産が少なくて済む」

ただこうしたサイドFIREを実現した方々は、労働収入というよりは、遊ぶように生きて収入を得ている方が多い印象です。

年率4%で
運用できれば
生活費がまかなえるって
言われてるけど
年率4%
自由
会社に経済的に拘束されない
必要なときに
年率4%で
運用できるかは
わからない
安定的な収入が
見込めないと
地に足がついてるとは
言えないよね
安定
自由
安定的に
収入が
ある
会社に
経済的に
拘束されない
会社勤め以外にも
収入の
道はあるよ

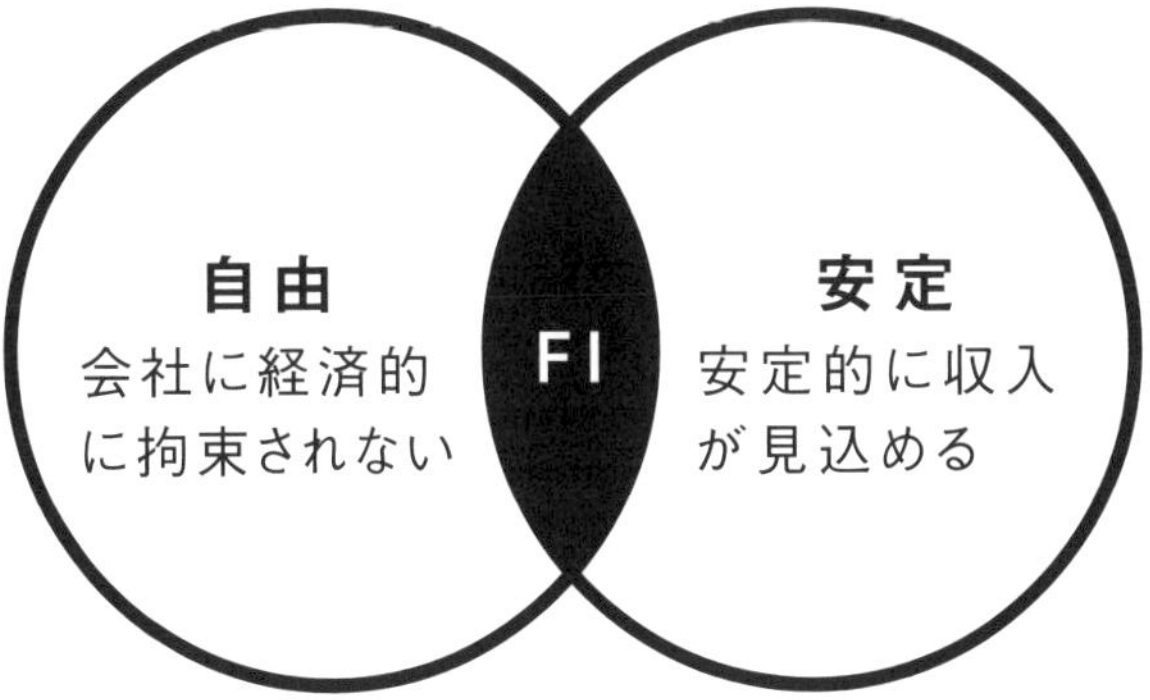

ようは、「FIREをするためには、お金だけ持っていてもダメ。会社の給与に依存せずとも、自分で何らかの収入を得られる力をつける必要がありますよ」ということです。

FIREした方々はみな、地に足をつけた「収益を得る仕組み」を構築しているからこそ、ある程度の資産を貯めたあと、不安よりも希望のほうが大きい状態で会社を辞めているように感じます。

この数年間で多くのFIRE友だ

ちと交流をしてきた結果、これが本当の意味でのＦＩであり、ＦＩＲＥするための必須条件なのだとわかってきたのです。

これが、新しいＦＩの定義です。

3 収益を得る力をつけよう

「会社に依存せずとも収益を得られる力をつけよう」と簡単にいうけど、そんなことできたら苦労しないよ。と思われる方もいるでしょう。

これはおっしゃるとおり。もちろん簡単ではありません。

今ＦＩＲＥをされている方は、会社員時代から自身の持っているスキルを磨きながらコツコツと努力を続けたからこそ、ＦＩＲＥに至っているのです。

チャンネル登録者数が何万人もいる有名ユーチューバーも、はじめは0人からのスタートでした。しかし、何百本もの動画を作り続け、編集スキルを上げ、トレンドやサムネイルを研究してきた結果、今があります。

株式の配当金を年間何百万円と得ている人も、はじめは1万円の配当を受け取ったことに喜びを感じ、その配当金をどのようにすれば増やせるかというテーマに長い年月をかけて取り組んできた結果、今につながっています。

不動産の家賃収入を受け取っている人も、はじめはどこの不動産で物件を買うべきか、騙されたりはしないだろうかなど、不安な気持ちを抱えながら最初の物件を購入されたことでしょうし、中には失敗を経験しながら今に至る方もいらっしゃるかもしれません。

僕も、今でこそ20冊以上の書籍を出していますが、はじめて電子書籍を書いてアップしたときは「自分が本なんて出していいのか」と本当にドキドキしたことを覚えています。その後執筆に喜びを感じ、電子書籍マーケットを研究することに没頭し、数年間この世界にどっぷりと浸かって今に至ります。

このように、みんな会社員時代に勇気を出して副業をはじめ、ある程度の時間をかけてその副業を育て、軌道に乗せた段階でＦＩＲＥ生活に舵を切っています。

今は副業に取り組んでいないけれども、将来的にＦＩＲＥしたいと考えている方は、とにかくまず副業にチャレンジしてください。

「いきなり副業をしろと言われても、何が成功するかわからないよ」

このご意見はもっともです。

ですが、あなたがどのようなスキルを持っていて、どんな副業で成功するかはあなた自身にしかわかりません。

ＦＩＲＥ友だちを見ていても、動画の世界で成功した人が文字の世界で成功するかどうかはわかりませんし、その逆もしかり。それと同じです。個人個人に得意分野や特性があり、あなたはあなたの得意な分野で副業をすることが成功の近道なのです。

とはいえ、実際には「自分は何が得意かもよくわからない」という方もたくさんいらっしゃいます。

「自分もそうだ。わかってない……」とネガティブに受け取らないでください。今までの人生の中で、自分にどんな副業が合うかなんて考えたことのない人がほとんどですから、それは当然のことなのです。

ですから、とにかく動画を出したり、ブログを書いてみたり、電子書籍を出版してみたりと、いろいろなことを経験してみてください。**まずは大きなコストがかからないものからチャレンジすれば、上手くいかなくてもほとんどダメージはありません。**

そして大きなコストがかかるものは、とにかく慎重に。しっかりと調べ、多くの経験者の話を聞き、勢いだけで行動をしないようにしてください。**人生は、大きな損失さえ出さなければ、何度でもやり直しができるものですから。**

ただ、自分に合った副業を選ぶことを意識しておいてください。副業を大きく育てるためには、それなりに長い期間がかかります。自分に合わない副業をそんなに長い期間我慢しなければならないことは人生において損失ですし、そもそもＦＩＲＥするために合わない副業を苦しみながらやるというのでは本末転倒です。

自分自身の資質を知り、正しい努力をし続ければ、いつか必ず天職に至ります。ぜひ、その天職で本業以外の収入を得る仕組みを作り上げてください。そして会社の給与だけに依存する経済的拘束の状況から脱し、本当の意味でのＦＩ（経済的独立）を築いてＦＩＲＥへの土台を固めていってください。

04 REの新しい定義

FIに次いで、REの新しい定義に触れるにあたり、先に出した新しいFIREの定義をあらためて確認させてください。

FIRE＝Financial Independence, REstart your life.

FIの考え方については、文言がFinancial Independenceのまま変わらず、その意味合いが違うと述べてきました。

しかし、REのほうはそもそもの「Retire Early」から「REstart your life」へと、文言自体も大きく変えています。

これは文字どおり、「FIREのREをアーリー・リタイアのREではなく、2度めの人生のリスタートのREだととらえよう」ということです。

1 FIREの本質

まず、「生きていくために、好きでもない仕事をする」の対義語は、「働かずに生きていく」ではなく、「好きなときに、好きなことで収入を得て生きていく」ことです。

この考え方が、僕たちのFIREのベースになっています。

これは別の言い方をすると、FIREのREは「朝から晩まで拘束されている会社員人生から抜け出して、いつ何をしてお金を稼いでもいい自由人になろう」ということです。

ここにおいてFIREの本質は「会社に所属しないとお金を得ることができない」

という固定観念からの脱却、意識の変革なのです。

そしてこの考え方のもとでは、「ＦＩＲＥのＲＥとはただ会社を辞めるということではなく、会社を辞めて好きなことで独立・起業するのに近い考え方だ」ととらえたほうがしっくりくるかもしれません。

2 好きなことで人生をリスタートさせる

■今どきのＦＩＲＥの一般的な形

人生を何十年も過ごしてくると、誰もが「こういうことが好きだな、こういうことがやりたいな、こういうことで生きていけたら最高だな」と思うことを何かしらもっているはず。

ですが実際は、日々の仕事に忙殺されてなかなかそうしたことに手がつけられていない、という方が多いのではないでしょうか。

僕が思い描いているFIREは、「生まれ変わったつもりで、そうした好きなことを、好きなようにやる」という生き方。

これはたとえば、若いころに「ミュージシャンになりたい」とか、「絵で食っていきたい」と思いながらも現実を見て諦めた人が、40代、50代になって金銭的余裕を得たあとに、まずは副業としてユーチューブなどで音楽活動をはじめたり、絵を描いてインターネットで販売しはじめたりするイメージです。

夢を諦めた20代のころのように、「この絵が売れなかったら食っていけない」という切羽詰まった状況ではなく、「この絵が売れなくても生きていける」という余裕がある状態で、あらためて夢を追うべきだと思うのです。

そしてその夢を実現していく中で改善や工夫を重ね、少しずつでも収益を出せるようになっていくと、それがＦＩ（経済的独立）につながっていきます。

その金額が大きくなり、**「これで生きていける！」と判断ができるようになった段階で、会社を辞めて「作曲家」や「画家」といった新たな肩書で、第２の人生を送っていけるようになる。これが今どきのＦＩＲＥの一般的な形なのです。**

■キャッシュリッチか、タイムリッチか

また、「副業で楽しく稼げていれば、会社を辞める必要ないんじゃない？」という意見をいただくこともあります。そこでもうひとつ、次のお話をさせてください。

ＦＩＲＥというと、多くの人がまだ「お金を１億円貯める、そして投資の運用益で生きていく」という概念を持っていることから、「キャッシュリッチ」になることばかりにフォーカスされがちです。

しかし、高収入の人や資産を持っている人は世の中にたくさんいると思いますが、日々忙しく、自由な時間がない方が大半です。これは、「キャッシュリッチが直接的に自由で自分らしい人生に結びつくわけではない」ということを表しています。

僕自身、外資系企業で夜中までずっと働く日々と、ＦＩＲＥ後に自由な時間がたくさんある日々の両方を過ごしたうえで感じるのは、**ＦＩＲＥの本質は間違いなく「タイムリッチ」であるということです。決して「キャッシュリッチ」が主軸ではありません。**

実際に、どれだけ年収が高くても、資産を持っていても、時間がない人生に幸せを感じることは一切ありませんでした。

ですから、今は多くのＦＩＲＥに関する記事やＳＮＳなどで、お金を貯めることや運用をすることばかりが取り上げられていますが、**「時間がある生活のほうがＦＩＲＥ**

の本質なんだ」と、気づいてもらいたいと思っています。

３ 従来のＲＥはＦＩＲＥの現状とズレている

こうして今どきのＦＩＲＥを実現した際、従来の定義のように会社を辞めることをＲＥ（アーリー・リタイア）と表現するならば、たしかにリタイアはしています。

しかし、退職後に精力的に人生を楽しんでいるＦＩＲＥされた方々の様子は、リタイアの言葉に含まれる「定年退職後に何もしないでボーッとして暮らす」というニュアンスとはあまりにもかけ離れていたのです。

- これは決してリタイアではない
- みんな会社を辞めたあと、第２の人生を新しくスタートしている

心からこう感じた僕は、あらためてＦＩＲＥのＲＥをRetire EarlyのＲＥではな

く、Restart（リスタート）のREだと再定義したのです。この言葉が自分自身でも、ものすごくしっくりときています。

ただ、「それって、趣味での独立と何が違うんだ？」と思われる方もいるでしょう。

この点ですが、会社以外の収入がある状態から退職をしていることも相まって、**ある程度の資産に支えられた独立は、生きていくためにリスクをとってでも早く結果を出さないといけない通常の独立とは、まったく気持ちが違いました。全然焦りが生まれないのです。**

成功したらラッキー。仮に成功しなくても、好きなことをして生きていけるのだから幸せ。会社を辞める前は、ここまでポジティブな気持ちになれるとは考えていませんでした。

これが「何のストレスもなく、ゆるく自分の好きなときに好きなことをして楽しんで、それでいてその活動がお金を生み出すような、『遊ぶように生きる』自由な生き方をしよう」という考え方につながっています。

こんな第2の人生のリスタート、最高じゃないですか？

4 人から何を言われても、自分が幸せならOK

あなたが将来こうしたプロセスを経て、めでたくFIREをしたとしましょう。

しかし、SNSを覗くと、まだ旧来のFIREが本筋だと思い込んでいる人たちから、次のような投稿が定期的に上がってきます。


「FIREしたくせに働いている。それはFIREではない」

「それってFIREではなく、ただの独立じゃないのか？」

「結局FIREとか言いながら、金が足りないから働くんだろ」

そういう人たちはきっと会社でイヤイヤ仕事をしていて、どうしても「収入を得る＝つらい思いをしながら働く」ととらえてしまうのでしょう。満員電車での通勤や、夜中まで続く残業のイメージのように。彼らにこそ、「遊ぶように生きる」という働き方に思いを馳《は》せてもらいたいと思います。

そして、これから述べるＦＩＲＥの新しい概念から考えると、僕は強くこう思うのです。

――やはり今の僕たちの生き方は紛れもなくＦＩＲＥである、と。

会社員は毎日会社にいって働かなければいけませんが、その対立概念としてのＦＩＲＥの定義は、「ＦＩＲＥしたら働いてはいけない」というわけではありません。

青信号の意味が「進め、ではなく進むことができる」であるように、ＦＩＲＥをしたら働いてもいいし、働かなくてもいいのです。

他人がどのようなＦＩＲＥの定義を持っていようが、それにあわせる必要は１ミリもありません。

大切なことは、自分がＦＩＲＥしたあとにどのような人生を送っていきたいかというビジョンをしっかり持っておくこと。この確固たる「自分らしいＦＩＲＥ像」を持っておけば、誰に何を言われても、まったく気にしなくていいのです。

なぜなら、人生におけるそのＦＩＲＥ像はほかの誰のものでもなく、あなた自身のものなのですから。自分が幸せなら、それですべてＯＫなのです。

05 4つの幸せ

僕は、人が幸せになるためには、次の4つの要素が満たされる必要があると考えています。

・時間
・お金
・友だち
・健康

では、人はこの4つの要素がいつ満たされるのでしょうか。人生を時系列に沿って見ていきましょう。

学生時代
腹減ったなー
コーラ飲めよ
ポテト頼もうぜ
時間はあるし、友だちもいるのにお金がない…
会社員時代
明日の朝までによろしく
オツカレ
ハイ
お金はあるのに時間がない…
定年後
ガンです
えーーっ…
お金も時間もできたのに…
いつになったら幸せになれるんだ!
くそーー!!
FIREしか幸せをつかむ方法はない…

1 人は、4つの要素がいつ満たされるのか

まずは学生時代を思い出してください。あのころは時間もあったし、友だちもまわりにたくさんいましたが、お金がなかったのではないでしょうか。

その後、会社員になると、ある程度お金がもらえるようになりますが、朝から晩まで仕事をしなければいけないため、時間がなくなってきます。土日しか予定を入れることができず、学生時代には気が向いたときに会っていた友人たちとも、半年に1回、1年に1回くらいの頻度でしか会わなくなってくるものです。

それでも30代くらいまでは、仕事帰りに友だちと飲みに行く機会も多かったかもしれませんが、だんだんと自分やまわりの友人が結婚し、子どもが生まれたりすることで、さらに会う頻度が減っていきます。

会社では部下ができたり、責任も重くなったりすることで、人生における仕事のウ

エイトもさらに高くなってくることでしょう。

そんな生活を何十年か続けたのちに定年を迎えるわけですが、定年後には時間やお金に余裕があるものの、健康に陰りが見えてきます。昔のように遠出したり、夜通し盛り上がるといったこともできなくなってきますし、それにつき合ってくれる友だちも少なくなってきます。

このように、一般的な人生では、どの時間を切り取っても、４つの要素が同時に満たされるタイミングがないのです。

2 ＦＩＲＥをした人は、４つ同時に満たされている

ですが今、僕やまわりにいるＦＩＲＥした方々は、まさにこの４つが同時に満たされていると感じています。

若いうちからこうした努力をコツコツと積み上げてきた結果、僕たちはみな、自分の力で稼ぎ、そのお金を計画的に資産運用に回すことができるようになりました。そして、健康なうちに自由な時間を手に入れることができたのです。

これは「たまたま副業が当たって会社を辞めた人」の話ではありません。先に述べたFIやREの新しい定義にもあるように、みな、自分が好きで得意なことで収益を得ることを突き詰めていった結果、今に至っています。

そうした好きで得意なことを見つけるためにいつから動き出すか、またそのことにどれだけ夢中になれるかで、人生においてこの4つの要素をそろえることができるのかが変わってくるのです。

FIRE仲間コラム1

FPよしおさん（秋山芳生さん）

よしおさんは僕と同い年のFIRE仲間。年齢だけでなくFIREされる前の仕事環境もよく似ていて、FIRE仲間の中でも、特に共通項が多い方です。

お互い激務から解放され、いろいろ思うところがあるのか、新宿のカフェで一緒にお茶をしながら、「幸せって何だろうね」と3時間ほど熱くお互いの幸福論について語り合いました。

今回紹介した幸せになる4つの要素は、そのときによしおさんに教えていただいたもの。はじめて聞いたときは「たしかに普通に生きていたら、人生で4つそろうタイミングがない！」と驚くとともに、FIREして自分がその4つを手に入れていたことにも気づかせてもらい、人生観に非常にプラスになりました。これからもよしおさんとは、FIRE仲間として末永くいろいろ語り合っていきたいですね。

よしおさんはFIRE後もファイナンシャルプランナーとして、YouTubeやXでお金について発信をしています。ぜひ一度ご覧になってください！

X

@fp_4403

YouTube

FPよしおさんチャンネル
〜あなたの4403よしおさんFP相談室〜

FIRE仲間コラム2

くっつーさん

くっつーさんは30歳のときに店舗専門の不動産仲介業および株主優待YouTuberとしてサイドFIREされました。

くっつーさんは行動力が飛び抜けていて、「これはいける！」と思いついたことはとにかくチャレンジ。上手くいかなくても何度でも立ち上がり、自身の副業を大きくしてきました。

そんな彼はFIRE後も会社員のころと同じくらい副業に勤しんでいますが、ストレスがまったくないそうで、「大好きな仕事を朝から晩までできて本当に幸せ」と語っています。平日も土日も働いていた会社員時代に比べると、好きなタイミングで休めるようになり、30歳からようやく人生がスタートしたような感覚だそうです。

まさに「FIREのREはリスタート」を体現していると言えるのではないでしょうか。

くっつーさんはFIRE後もYouTubeやXで不動産事業や株主優待について発信をしています。ぜひ一度ご覧になってください！

株主優待投資関係

X

@kuttsu_kabu

YouTube

くっつー株主優待と高配当株ch

不動産関係

X

@kutsukake_tenpo

YouTube

くっつー店舗不動産で独立開業チャンネル

第 2 章

FIRE前と FIRE後で 何が変わったのか

さて、FIREしたあとの生活は、FIRE前に想像していた以上に楽しいものでした。会社を辞めたはずなのに、「あれ？　なんでこんなに忙しいの？」と感じるくらい充実しています。

それでは、僕のFIRE前とFIRE後の生活の変化を見ていきましょう。

01 1日のスケジュール

僕のFIRE前後の1日のスケジュールは次ページのイメージです。

<table>
<tr><th></th><th>FIRE前</th><th>FIRE後</th></tr>
<tr><td>8:30</td><td>起床</td><td>起床</td></tr>
<tr><td>9:00</td><td rowspan="10">会社業務</td><td>お風呂／SNS</td></tr>
<tr><td>10:00</td><td rowspan="5">カフェで執筆</td></tr>
<tr><td>11:00</td></tr>
<tr><td>12:00</td></tr>
<tr><td>13:00</td></tr>
<tr><td>14:00</td></tr>
<tr><td>15:00</td><td rowspan="4">友だちとお茶／昼飲み</td></tr>
<tr><td>16:00</td></tr>
<tr><td>17:00</td></tr>
<tr><td>18:00</td></tr>
<tr><td>19:00</td><td>夕食</td><td rowspan="4">家族と団らん
or
友だちと飲み</td></tr>
<tr><td>20:00</td><td>自由時間</td></tr>
<tr><td>21:00</td><td>お風呂</td></tr>
<tr><td>22:00</td><td rowspan="4">会社業務</td></tr>
<tr><td>23:00</td><td rowspan="3">SNS／執筆など</td></tr>
<tr><td>24:00</td></tr>
<tr><td>1:00</td></tr>
<tr><td>2:00</td><td>就寝</td><td>就寝</td></tr>
</table>

1 会社員時代の時間の使い方

会社員時代は、辞める1年半ほど前から完全在宅勤務でした。しかし、会社に行っていなかっただけで、人間らしい生活をしていたとは言いがたい生活だったように思います。

朝8時50分くらいまで布団の中にいて、9時前に飛び起きて会社のPCにログイン。これだけでもひどく余裕のない生活です。9時に在宅勤務をはじめたら、夕食直前の19時まで仕事に追われる日々。昼食もほとんど食べることがありませんでした。

自由時間といっていいのは主に夕食後の1時間くらいで、その後お風呂に入ってからまた会社の仕事を開始。この自由時間というには短すぎる時間に、僕は一体何をしていたのでしょうか。まったく記憶にありません。

朝から晩までずっとパソコンの前に張りついて、メールと会議の毎日。外がすごくいい天気でも、家の中から外を眺めて終わり。少し外の空気を吸いたくても、仕事が気になって散歩にも出られませんでした。

今になって思えば、お昼休みくらい外に出て体を動かしたり、ゆっくりしたりすればよかったなと思うのですが、「そうしてる間に、すぐに対応しなければいけないメールがきたらどうしよう」と考えてしまい、結局会社に所属している間は家の外に出ることすらほとんどなかったのです。1か月に数回しか家の外に出ていなかったのではないでしょうか。

僕は夜2時を過ぎてから寝ると次の日にかなり影響が出るので、一応それまでには寝ようと決めていましたが、退職前はずっと2時ギリギリまで仕事をしていました。今から振り返ると、完全に仕事一色の人生でした。よく頑張ったと自分を褒めてあげたいと思います。

さらに毎週月曜日の朝から報告するレポートのために、日曜日の午後からはデータ

FIRE前
いい天気だな～
日曜だし、子ども連れて公園でもいく？
あ…でもまだレポート作らないとだからいけないわ
日曜くらい休んだらいいのに
FIRE後
いい天気だな～
カンパーイ
いいなー

をまとめていましたので、実質仕事のことが頭から離れていたのは土曜日くらいでした。ワーカホリックという表現が正しいのか、強迫観念に襲われていたというのが正しいのか。とにかくひどい状況でした。

FIREしてから、「会社員のときの生活がおかしかったことがようやくわかったよ」と妻に伝えたら、「え？　今まで気づいてなかったの？　めっちゃヤバかったよ」と真顔で言われました。家族から見ていても、相当おかしかったようです。

2 FIRE後の時間の使い方

FIRE後の時間の使い方は、それまでとは大きく変わり、1日1時間程度だった自由時間が大きく増えました。

加えて仕事が執筆活動に変わり、自分が好きなときに好きなことを書く仕事になったので、時間的にも心理的にも仕事に追われることが一切なくなりました。これが僕にとって一番大きい変化でした。本当に心身ともに健やかな生活になりました。

普段は大体朝9時前くらいに起床し、のんびりします。その後はカフェに移動したり、友人と会うために都内に移動したり。友だちとお茶したり、飲みに行ったりするのはもちろんのこと、カフェで好きな執筆をするところまでを自由時間と考えたら、1日のほとんどが自由時間です。

最近は講演活動やインタビューなどもオンラインですべて完結しますから、場所を選ばず時間を有効に使えて、本当に素晴らしい時代になったなと感じます。友人たちと日本のいろいろな場所を巡りながら、オンラインで執筆・講演活動ができたら最高だと思います。

なお、土、日、祝日やGW、お盆などの長期連休はどこに行っても人混みがすごいですし、ホテルや飛行機代も高くなりますから、行楽などは平日を優先することが増え、週末に予定を入れることが少なくなっていきます。これはFIREあるあるかもしれませんね。

02 ゲームをする時間や動画を見る時間がもったいない

「FIREしたあと、どんなことをしてますか。ヒマじゃないですか?」

FIREをしたというと、よくこのように質問されます。たしかに44歳で会社員を辞めたあと、僕が日々何をしているのか、何を目標に生きているのかと気になるのでしょう。

裏を返せば、質問者自身が「何でもできる時間と自由があっても、何をして過ごせばいいか思い浮かばない」と感じているのではないかと想像します。

たしかに僕もFIREする前は「好きな本を読んだり、ゲームをしたり、動画を見たりするんだろうな」というぐらいしかイメージできていませんでしたし、事実「時間ができたら思う存分ゲームやってやる！」と、20本くらい積みゲーしていたのです。ところが実際は想定と違って、ＦＩＲＥ後にゲームをしたり動画を見たりする時間はほとんどありません。

では何をしているかというと、価値の創造です。執筆や講演など、自分の経験を人に伝えるコンテンツをゼロから生み出すために、日々時間を使っています。ゲームや動画も面白いのですが、どうしても与えられたコンテンツを消費しているだけのように感じてしまい、何かを作りたくてうずうずしてしまうのです。

またＦＩＲＥを契機に、会社員時代には会えなかったような方々とお会いする機会もいただくようになり、そちらにも積極的に時間を割いています。ほかにやりたいことや会いたい人が多すぎて、ゲームや動画までまったく手が回っていません。

まあ、ゲームなんていつでもできるので問題ありません。それよりも今は、**自分で**

価値を生み出し、新しい人とどんどん話をして刺激を受けることのほうが、四角い画面の中でおこなわれる冒険よりも圧倒的に楽しいのです。

03 一度QOLの高い人生を送ると、人生観が変わる

こうやってFIRE前後の時間の使い方を比べてみると、まるで別人のように人生の過ごし方が変わり、QOL（Quality Of Life：人生の質）が爆上がりしました。定年後のことをセカンドライフと言いますが、まさに2回めの人生を送っているかのようです。

QOLが相当低い代わりに給与が高い人生と、収入はそこまで高くはないけれどもQOLが相当高い人生。僕はこの数年の間にふたつの人生を体験することができました。もちろん後者のほうが圧倒的に幸せだと感じますが、そのためには前者のよう

な人生で数年間踏ん張ってお金を貯める必要もあったのかもしれません。

ただ世の中には、既にある程度資産を構築していてＱＯＬが高い人生にシフトできるのに、怖さや不安によってＱＯＬの低い人生から抜け出せない人もいます。特に以前の僕のように「毎日会社に行って、とにかく頑張らないといけない」と思い込んでいる方々には、きちんとしたプランニングをしたうえで、ＱＯＬの高い人生を経験してほしいと思っています。

これは体験してはじめて感じたことですが、**今までの常識や人生観が１８０度変わり、「なんであそこまで頑張ってたんだろう」、「人生を生きるってこういうことだったのか」と憑《つ》き物が落ちたようになったのです。**

04 人がゆるく集まる空間を作りたい

ＦＩＲＥ後、友だちとお茶をしたり、飲みに行ったり、ボードゲームをしたりして時間を過ごすことが増えたのですが、これはすべて人に会う活動。僕は本当に人と会って話すのが好きなようです。

こうした中、大学生のころを思い出しました。お金はあまりないけど時間はあるので、ヒマにまかせてふらっとサークル部屋に行ったら誰かがいて、そのまま一緒に遊びにいく……といった生活。サークル部屋がみんなの共通の居場所、秘密基地みたいな感じでした。

しかし大人になってからは、そういうゆるい場所がほとんどありませんよね。そこで会社員の人は「会社の定時後」、ＦＩＲＥした人は「平日昼間も含めてヒマなとき」に、そのコミュニティに立ち寄れば同じように時間のある人が集まっていて、自然に「何かやろうぜ！」みたいな空気になる場所があればいいなと感じます。

その先駆けとして、僕はＳＮＳで呼びかけて毎月1回オフライン飲み会をやっています。やはりそこに来るＦＩＲＥした人の生き方に触れると刺激を受けるのか、その集まりの中から何人かＦＩＲＥに踏み切られた方も出てきています。これが将来的にどのような形に発展していくかはわかりませんが、ぜひ一緒に楽しい時間を過ごしましょう！

※イベントの情報はホームページで随時更新しています。
https://cheersmywife.com

FIRE仲間コラム3

Genki Nishidaさん

Genkiさんは32歳で会社を辞め、YouTubeでFIRE生活について発信しています。今はタイのバンコクに移住して自由な時間を楽しまれています。

先ほど僕は「ゆるい場所」を作りたいなと書きましたが、Genkiさんは「FIRE Hub/Be Genki」というコミュニティを運営しています。その規模なんと500人！　資産収入だけで生活している方や、経営者、FIREに向けて貴重な知見を持っている方々など、多彩なメンバーと気軽に交流できる場所です。僕も将来は小さくてもいいから、そうした居心地のいい秘密基地を作れたらいいなと、目標にさせていただいています。

FIRE後は、仲間を作ることが本当に重要。こうしたコミュニティは価値観が近い人たちとつながれる最高のツールですね。

GenkiさんのYouTubeとコミュニティはこちらです。ぜひ覗いてみてください！

X	Instagram	YouTube	オンラインサロン
@GecchoM	@genkiman_westfield	Genki Nishida/FIRE LIFE in Thailand	FIRE Hub/Be Genki

FIRE仲間コラム4

ナズナさん

僕のFIRE仲間でも、ひときわ異彩を放っているのがナズナさん。彼女はフリーランスの医師として週1〜2回働きながら、夢だった執筆や翻訳を手掛けるサイドFIREを実現しました。

子育てがきっかけで常勤から非常勤やフリーランスに変わる女性医師は多く、彼女自身も当時おこなっていた不妊治療で仕事と通院の両立に苦労していました。そして、「辞めたらもったいない」と常にキャリアに頭を悩ませていたそうです。

そんなナズナさんは子育てをする中で、「キャリアよりも息子との時間を大切にしたい」、「仕事時間をコントロールしつつ、自身の夢も叶えたい」と考えるようになったため、サイドFIREの概念を知ったときは、「まさか自分の理想とする生き方に名前がついていたとは！」と衝撃を受けたといいます。

退職時、教授から「申し訳ないなんて思うな、自分の人生を歩めばいい」とエールをもらい、罪悪感も消えて心がとても軽くなったそう。

「私は、自分の選択と決断を1ミリも後悔していません。これからも胸を張って生きていきます」というナズナさんの言葉にシビレました。

ナズナさんのXや書籍は次のとおり。翻訳などを相談したい場合は、ぜひリプライかDMでご連絡を！

X

@nazuna_ran

書籍一覧

https://www.amazon.co.jp/stores/author/B0CMD9BXS3

第3章

FIREを決断するまでに考えたこと

「ＦＩＲＥに踏み切る」と言うのは簡単ですが、実際にはどれだけお金が貯まろうとも、長年勤めた会社を退職に踏み切るには相当の決断と勇気が必要。ハッキリいって、めちゃくちゃ怖いです。

この章では、僕がＦＩＲＥを決断するまでに、どのようなことを考えたのかに触れていきます。お金を貯めているだけでいいのか。健康や年齢についてはどう考えていたのか。ＦＩＲＥしたあと、どのように過ごそうとしていたのか。

こうしたことを考えて準備をしておくのと、考えずにＦＩＲＥ生活がはじまるのとでは、まったく生き方が変わってくるのです。

01 死ぬときに1億円を抱えていても仕方ないと気づいた

ＦＩＲＥを決断する少し前、妻が僕にこういいました。

「あなたはお金を貯めたいってずっと言ってきてるけど、死ぬときに1億円抱えててもしょうがないからね」

それを聞いて、それまで「お金を使わずに貯め続けることが美徳だ」と考えていた僕は、頭をハンマーで殴られたくらいの衝撃を受けました。

それまでの僕は、とにかくお金を使わない、使えない人でした。しかしこの妻の言葉で、「生涯を閉じるときになお、一生懸命貯めた1億円を後生大事に抱えているであろう生き方」に、ようやく疑問を持てるようになってきました。

もちろん、子どもたちにお金を残すという考え方もありますが、僕は子どもたちに資産を残すために頑張ってきたわけではありません。あくまでも自分の人生を楽しむために、自分の時間を投じて頑張ってきたのです。

さらに、貯めすぎたところで、今度は相続税として国に支払うことになってしまいます。ですから僕たちは、次のポイントを忘れずにいようと話し合っています。

- 死ぬときに1億円を抱えていても、意味がない
- 持っている資産を、できる限り自分の人生で有意義に使うべきである

お金は生きている間にしか使えませんから、お金を貯めるフェーズとお金を使うフェーズそれぞれにおいて、明確にいつ、どうしていきたいかを計画していくことが重要になってきます。

理想の貯金額の推移

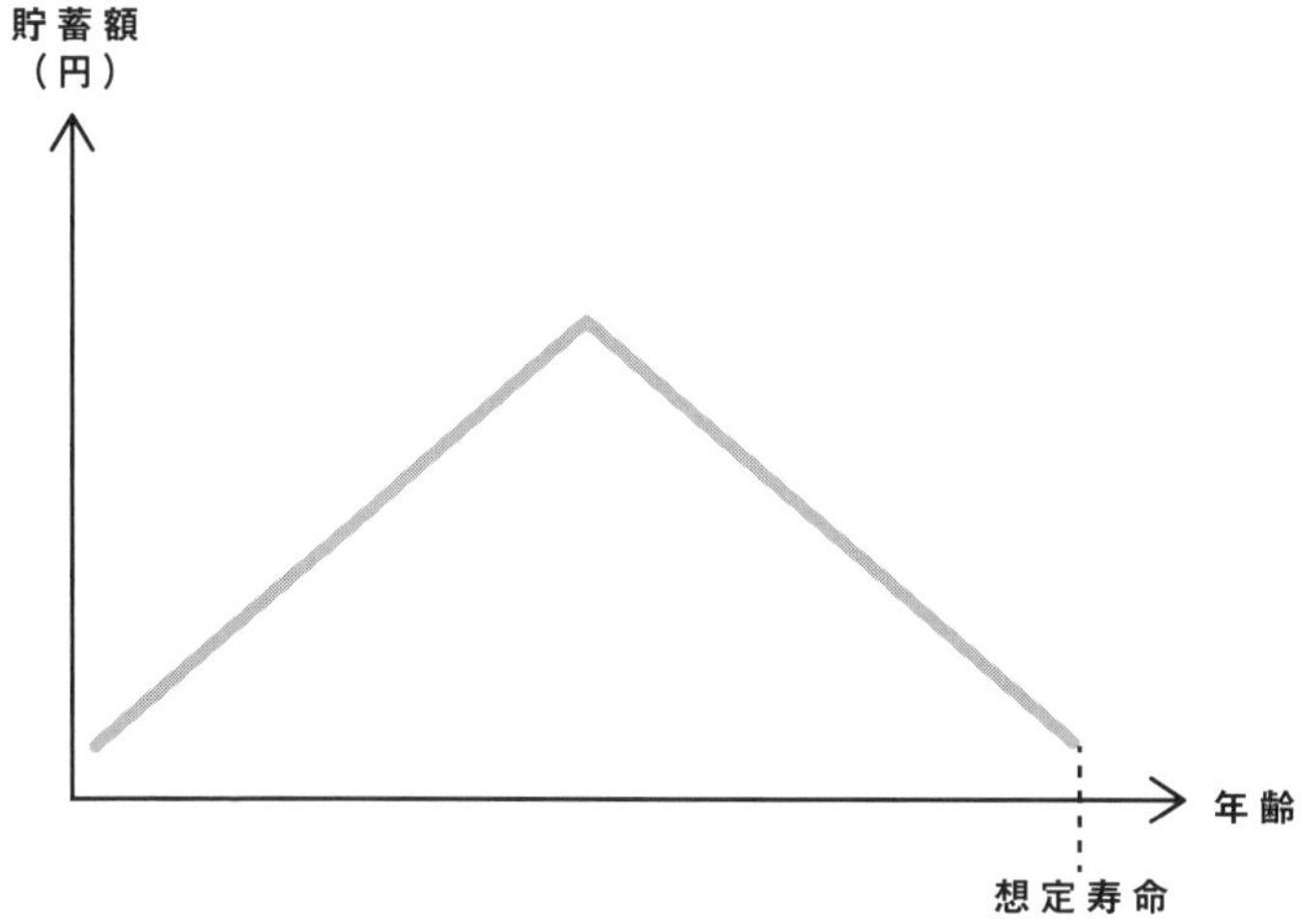

こう考えていくと、資産の総額は、年齢が上がるにつれて右肩上がりになるのではなく、どこかでピークを迎えて、最後死ぬときに自分たちのお葬式代くらいを残して0円に近くなる「山の形」になるようにしたいですね。

この考えを突き詰めていくと、「いつまで会社員として働くのか」という問題にぶち当たることになります。きっと、妻が僕に伝えた一言が、FIREに向けて動き出す原点となったのでしょう。

02 健康寿命を意識した

それから僕は、健康寿命をかなり意識するようになりました。健康寿命とは、読んで字のごとく「人生において健康でいられる期間」のことです。なお日本人の平均的な健康寿命は、男性72歳、女性75歳だそうです。

72歳なんて、定年退職してからたった数年後。その後は健康でいられなくなる可能性があると考えると、まさに人生を会社に捧げているようなものだと感じたのです。

僕たちは何のために生きているのでしょうか。行きたいところに行き、食べたいものを食べ、会いたい人と会い、やりたいことをやり、楽しく生きるためです。

人は老いますし、体力や気力も衰えていきます。足腰も弱くなり、あまり長時間出歩けなくなるかもしれません。だんだん目が見えなくなってきたり、ものがわからなくなったりもするでしょう。

70歳、80歳、90歳になった自分を想像してみてください。「好きに時間とお金を使っていいよ」と言われたところで、きっと今より欲しいものもなければ、今と同じように繁華街に出かけたり、夜な夜な友人たちと飲み歩いたり、美味しいものをたらふく食べたり、遠いところに何度も旅行に行ったりする体力はないのではないでしょうか。

こうして年齢とともに人生を楽しむ機会は減っていき、いくらお金があってもだんだん使えなくなってくるのだと思います。

だからこそ、「まだ健康な40代のうちに自由な人生を選びたい」と強く思い、FIREの道を意識したのです。

「高齢になってから自由を手にしても遅すぎる！　20年後に得られる自由と今の自由はまったく価値が違うはず。まだ若くて元気でやりたいことがいっぱいある今のうちに自由を手に入れたい！」そう思いませんか？

03 FIRE後にどう過ごすかを考えた

また、「このくらい貯蓄があればFIREできるんじゃないか？」と考えはじめたときに、あらためてFIREをしたあとの自分の生活に思いを馳せました。というのも、ありあまる時間を手にしたときに、僕は一体何をして時間を過ごすことになるのかを、具体的に想像できていなかったからです。そこで、次のようなふたつの視点で考えてみました。

・手にした時間で何をするのか
・どういった友だちと遊ぶことになるのか

1 手にした時間で何をするのか

なぜ「手にした時間で何をするのか」を先に考えるのか。**それはヒマな時間は忙しい時間よりも苦痛だからであり、僕にはそれで苦しんだ実体験があったからです。**

23歳のとき、新卒で入社した1社目の会社を10か月で辞め、次の仕事まで数か月空いたことがありました。もちろんまわりの友だちは仕事をしているわけですから、彼らと遊べるのは毎日夜から。結局ひとりぼっちで何もすることがない日中は寝て過ごし、夕方から起きて友だちと飲みに行き、また朝になると寝るという最悪の生活パターンにおちいったのです。

今は家庭を持っているので、そんな腐った生活になることはありませんが、当時感じた「何もすることがない」という感覚は忘れることができません。

そして20年以上の時を経て、僕は再びタイムリッチになる決心をしました。これからの僕には通常の定年退職者よりも15年も長く時間があるわけです。しかし、タイムリッチなだけではまた苦しんでしまうことでしょう。そこで、**次こそは長すぎる時間に溺れてしまわぬよう、事前に「人生をかけて何に取り組むか」を明らかにしておきたいと考えたのです。**

こうした考えを話したとき、友人たちの中には、「会社の仕事は人生のヒマつぶしだよ。それでお金までもらえるなんて最高じゃん。辞めることないんじゃない？」という人もいました。しかし、僕はヒマなのはイヤですが、ヒマだから仕事したいと考えるような気質から脱却したかったので、その考えにはまったく賛同できなかったのを覚えています。

そして僕が結論づけたのは、「ゼロから価値を創造し続けていくこと」に人生をかけたいというもの。今までの自分の経験を書籍にしたり、講演で人々に伝えたりしていくことで、多くの方の人生に影響を与えるような価値を生み出し続けようと決めたのです。

2 どういった友だちと遊ぶことになるのか

読書やゲームなどのコンテンツに没頭するのはそれなりに楽しいことだと思いますが、基本的にこれらはひとりで完結してしまうもの。これまでにFIREした先人たちも、3年もするとゲームにも飽き、孤独感を感じたといいます。

僕は家族が一緒にいるので、そうした孤独感はありません。しかし、きっとFIREしたあとの平日の昼間は友だちと会えない寂しさを覚えるだろうなと思い、先に手を打っておこうと考えたのです。

会社員の友人たちと日中に会うのは難しいだろうから、FIREしたら積極的に同じようにFIREした人たちとつながりを強めていくべき。そこで考えたのが次のふたつの戦略です。

・得意分野の電子書籍でＦＩＲＥについて執筆し、世の中に出そう
・ＸなどのＳＮＳで、ＦＩＲＥしていると発信し、同じ価値観の仲間とつながろう

このように意識して発信をし続けることで、ＦＩＲＥをしたあと、少しずつ同じ価値観の友だちが増えてきたのです。

特に出版戦略はじわじわと効いていき、僕よりあとにＦＩＲＥされた方々とは、電子書籍を読んでもらえたことがきっかけとなってつながるケースが増えてきました。

また、Ｘなどで呼びかけて交流会を開き、ＦＩＲＥをした人やＦＩＲＥに興味がある人など価値観の近い方々と会える場を作ることで、さらに友だちの輪を広げることにしました。

こうした例は僕だけではありません。妻も会社員をしているときには会社員の友だちが多かったのですが、会社を辞めて自営業をはじめて7年経った今、まわりは経営

者や同じ自営業の人ばかりで、平日によくみんなでゴルフに行っています。

このように、FIREをして環境が変わるタイミングで自らつき合う友だちを変えようと動かなければ、一生読書やゲームでの時間つぶしに頼ってしまう人生になりかねません。

ですから、FIREを目指しているなら、今まで以上に多くの人と会うように心がけてみてください。僕の交流会への参加もウェルカムです！

04 FIRE前に脳内でお試しをした

会社を辞めてFIREするということは、自分の好きなことで収入を得ながら生きていくということです。とはいえその収入が上手く入ってこなければ、貯蓄を目減りさせながら生活していくしかありません。

それまで貯蓄を右肩上がりで増やしてきた僕にとって、資産が減っていく生活というのは未経験です。ですから、そのときにどのような心境になるのかは一度経験をしておいたほうがいいと考え、ＦＩＲＥする半年前くらいに一旦脳内をＦＩＲＥしている状態に切り替えてみました。

この「脳内をＦＩＲＥしている状態に切り替える」とは、具体的には「会社からの給与収入が一切なくなると思い込んでみる」ということです。

もちろん脳内の話なので仕事をしながらですし、給与も支払われますし、時間の自由があるわけでもないのですが、一番大事なポイントである「お金の考え方」についてどう変わるのか試してみたかったのです。

これはもちろん単なるシミュレーションに過ぎませんが、それでも自分の気持ちに大きな変化が表れたのです。

脳内FIREをしてみてわかったことは、お金が減るのは苦しいということでした。友だちと食事に行ってお金を払ったときですら、自分がこれから生きていくのに必要な種銭《たねせん》を削っている感覚を受けて、お金を使うことになんとも言いようのないモヤモヤを感じたのです。

友だちと楽しい時間を過ごしたり、食事に行ったりしたらお金がかかる。それは当たり前のことですし、もちろん頭では理解していたのですが、**給与収入が一切ない状態でお金をバンバン払えるかというと、そのときは心がついてこなかったのです。**

こうして、この脳内FIRE期間の結論として「自分の好きなことにお金を使うたびにこんな気持ちになるくらいなら、会社で働いて一定の収入があったほうがよっぽど精神的にいいし、人生がより前向きになる」と考えて、**一旦FIREについて保留し、あらためてどのように生きていくかを考える期間にしたのです。**

僕にとっては、ＦＩＲＥ前のこの半年間の思考期間は本当に重要でした。

居酒屋に飲みにいくような、たかだか数千円の支出にそれだけモヤモヤしていたのは、今手元にあるお金が減ってしまうという怖さが原因。そしてそれは「仕事を辞めたあとに、自分の好きなことで収入を得られるかどうかわからない」という不安からくるものでした。

たとえ1億円持っていて投資でいくらか増えていく可能性があるとしても、定期的な収入がなければ十数年後には資産を食いつぶしてしまうでしょう。また大きな割合を投資に回している場合、早ければ数年後には現金がなくなってしまいます。**やはり収入を得られる裏づけがない退職というのは、本当に怖いものです。**

そしてＦＩＲＥの半年前の僕は、まだ自分でどうやって収入を得ていくかという確固たるビジョンもなければ自信もない状態だったということ。なんとなく、「作家として生きていければいいな」とふんわりと思っていただけだった、というのが浮き彫りになったのです。

どんなことであれ、**何かをして対価を得て生きていくということは、生半可な気持ちではできないもの。自分がこれからの人生をどうしていきたいか、腹をくくって決めないといけないわけです。**

僕はその半年の間に何度も自問自答し、「やっぱり自分は一生会社員をして生きるのではなく、作家活動や講演活動で生きていく」という覚悟ができました。この覚悟ができてからは、ビジョンのないままFIREしようとしていた時期と比べると格段に自分の歩むべき道がクリアに見えてきています。

半年前、1億円貯まったからといって盲目的にFIREしなくて本当によかったと思います。FIREにはお金の面と気持ちの面と、双方から壁を乗り越えることが必要だったんだなということを、今になって痛切に感じます。

今日から脳内FIREしてみない？
なにそれ？
会社からの給与がない設定で生活してみるってこと
会社
給与
シミュレーションでFIREを経験するのね。いいよ
もう一軒行く人ー!!
ハーイ
行こうぜー
う…
貯金が減っていく…！
こわい…
明日も飲み会なんだけど…のんきに参加していいのかなぁ？
ハァ…
ハァ…
FIREやめとく？

FIRE仲間コラム5

だいちさん

だいちさんは公務員から株式投資と太陽光発電でFIRE。株式投資での累計収益額は1億7000万円くらいだというから驚きです。

しかしそんなだいちさんですら、すんなりとFIREに踏み切れたわけではありません。家族を抱えながら会社を辞めるのは大きな不安が伴いますから、何度も「会社を辞めていいのか？」と自問自答していたそうです。

彼がはじめてFIREを考えたのは、株取引で累計7000万円の利益を上げたとき。株だけで生きていけるかもと頭をよぎったものの、生活費を稼がなければいけないプレッシャーに耐えられる自信がなく、諦めたそう。

2度めは純資産が1億円を突破し、公務員の生涯手取りを超えたとき。しかし、株で損失が出た場合に精神的に耐えられるかと考えた結果、まだ安心できないという結論に。

そして3度めは、毎年の所得が給料と同額になったとき。しかしトラブルに備えて給料の2倍の所得を作るまでは頑張ろうと決め、最終的に退職時にはその目標を達成していたということです。

こうやって何度も対策を考え続け、ようやくFIREに至るプロセス、僕の脳内FIREと少し近いですね。

そんなだいちさんのXや書籍はこちらです。ぜひ覗いてみてください！

X	FIREの始め方	FIRE達成のための副業の選び方
@daichi_fire_fp	https://www.amazon.co.jp/dp/B09XTXLC1J/	https://www.amazon.co.jp/dp/B0B3M5626L/

FIRE仲間コラム6

まこさん

まこさんは56歳で早期退職し、セカンドライフを満喫しているFIRE仲間。現在はソーシャルインベスター(社会投資家)としてさまざまなボランティア活動をおこなっています。

まこさんの人生の大きな転機は、48歳のときに参加したフィリピンでのボランティア活動。これをきっかけに「幸せとは何か?」を考え続けるようになったそう。思考を整理するために内省を深め続けて、

「大事なことは『幸せになる』ではなく、『幸せでいる』こと」

「幸せでいるためにお金は必要ない」

「お金よりやりがいが大事」

という結論に至ったことで、お金を稼ぐために会社員を続ける生活にピリオドを打つことを決意。

会社在籍中は、「忙しいから」、「やりたいのは山々なんだけど」と、何かにつけてチャンスを棒に振ってきてしまったというまこさんですが、「お金のためにいくだけの会社なら、これ以上人生の時間を取られるのはもったいない」、「会社員を続けることは私の人生において機会損失になっているかもしれない」と考え、早期退職に踏み切ることができたそうです。

まこさんのように長年の仕事経験や人生経験を持ち、自身の内面とじっくり向き合ってこられた方の考えは奥深く、心に響きます。これからも人生の大先輩として学ばせていただきたいと思います。

まこさんのSNSやnoteは次のとおりです。お気軽にフォローしてください!

X	note	まこさんnoteマガジン
@prometheus1966	まこさんnote	投資についてのお話

第 4 章

資産1億円までの道のり

さて、ここまではＦＩＲＥの概念や本質、決断するまでに考えたことなどについて触れてきました。しかしやはりＦＩＲＥを語るにあたり、お金の話を外すことはできません。

そこでここからは、僕がどのようにして1億円の資産を構築していったかについてお話ししていきます。

「44歳でＦＩＲＥできたのは、そもそも40歳のときに給料のいい外資系企業に転職できたからでしょ？」と思う方もいるでしょう。その問いに関しては半分正解、半分間違いといったところでしょうか。

たしかに僕の資産形成フェーズにおいて、外資系企業に4年間勤めたことがかなり大きかったのは間違いありません。しかし、それまでの17年間は日系企業に勤めており、よく語られるような派手なトレードなどに頼らず、夫婦でコツコツと資産を構築してきたのです。

01 家族構成について

ＦＩＲＥに至るまでの道筋を具体的にイメージしてもらうために、まずは僕の家族構成について簡単に触れておきます。

僕は25歳で結婚。翌年には子どもが生まれて、26歳で父親になりました。その８年後、34歳のときにふたりめが生まれ、ＦＩＲＥ当時、寺澤家は僕（44歳）、１歳年上の妻（45歳）と、大学１年生、小学５年生の４人家族でした。上の子は私立の大学、下の子は公立の小学校に通っていました。

上の子はあと３年強で大学卒業。ほぼ子育てのゴールが見えてきていますし、かかる費用も限定的です。

一方、下の子はまだもう少し時間がかかる状況。また将来国公立／私立のどちらの大学にいくのか、文系／理系どちらを選ぶのか、いつから塾にいくのかなどによっても教育費が大きく変わってきますので、親の立場からはそのあたりを考慮しつつＦＩＲＥ後の試算をする必要がありました。

02 職歴について

次に僕たちの職歴について触れていきます。

1 僕の職歴

僕は大学を卒業した１９９９年に新卒で繊維製品メーカーに就職しました。最初の配属は本社経理だったのですが、毎日何百枚もの伝票入力とそのチェックをするだけの仕事にまったく面白さを感じることができず、その会社を10か月で辞めてしまいました。

しかも若気の至りで次の職場も決めずに辞めてしまったのですが、幸いその後、縁あって別のメーカーに就職することができました。しかしそこでも自分に合わない営業職からのスタートになり、また1年で辞めようとしてしまったのです。

こうして振り返ってみると、どうも僕は昔からＦＩＲＥ気質があって、「やりたくないことはやらない」というタイプだったようです。

結局そのときは営業部からマーケティング部に異動することになったため、会社を辞めるのは踏みとどまりました。ラッキーなことに異動後の仕事がかなり自分に合っており、はじめて「仕事って面白いものだったんだな」と感じたのです。

一度仕事が面白くなると、目的に向かってコツコツと積み上げていく性格に火がついたのか、仕事での努力も苦にならなくなり、気がつくとその会社で17年間も働いていました。

ただ、仕事に関しては順風満帆だった一方で、「会社と家の往復」を繰り返す生活になってしまっており、恥ずかしながら僕の30代は空白の10年だったように思います。仕事ばかりしていると、日常については本当に何にも覚えていないもので、記憶喪失にでもなったのではないかと思うくらい、ぽっかりと人生の記憶が抜け落ちているのです。

そんな30代の中でも記憶に残っているのが、36歳のとき、会社の語学研修プログラムに自ら手をあげ、人事部の選考にとおり、イギリスに行ったこと。このチャレンジで英語に苦手意識を抱かなくなったことが、その後の人生に大きな影響を与えました。

イギリスから帰国後、今まで働いていた東京販社から大阪本社に転勤となりました。そこで4年間働いたのですが、40歳で大きな転機が訪れます。本社で出合って仲良くなった同僚がＧＡＦＡのうちの1社に転職。入社直後に僕に「社員紹介制度があるんだけど、うちの面接を受けに来ない？」と声をかけてくれたのです。

はじめは「自分が外資系なんておそれ多い！」とビビりまくっていましたが、**これは自分にとってのチャレンジだと信じ、これでもかというくらい準備をして面接に臨んだ結果、採用してもらうことができました。**こうして声をかけてもらってからたった2か月で人生が変わり、今まで日系の製造業しか知らなかった僕が外資系ＩＴ企業で働くことになったのです。

そしてこの外資系企業での4年間の勤務の間に仕事をしながら電子書籍を出版し、その流れで商業出版を実現。年収が一気に上がって資産が増えたことと、執筆活動で副収入を得られるようになったことが相まって、現在のＦＩＲＥ生活へと移行したのです。もちろんこの退職は突発的な行動ではなく、きちんと計画をしたうえでの決断でした。

2 妻の職歴

僕と同様、妻も長い間ごく普通に会社勤めをしていました。はじめは保険会社の営業職、次にコールセンターのスーパーバイザーとして経験を積んでいきました。

そんな中、妻は妊娠し、産休と育休を取得します。しかし我々が子宝を授かった2002年は、企業側に女性正社員を育休後に同じ待遇で復帰させるような制度が今ほど整っておらず、総合職を続けたいという妻の意向は叶いませんでした。

「時短が必要」、「子どもの対応でフルに働けない可能性がある」などを理由に会社側から一般職への転換を勧められ、それを拒んでいると「総合職のままでいた場合、夫をおいて、お子さんを連れて転勤できますか？」と詰めよられるような状況だったのです。結局、妻は子どもを産んだことで総合職として働いていた仕事を辞め、パートや派遣社員、正社員を渡り歩くことになったのです。まさにジェンダーによる不平等があらわになった出来事でした。

それから十数年経った2016年、妻は僕より5年も先に「スキルを活かして自分の力で働きたい！」といっていきなり会社を辞め、独立しました。似た者夫婦ですね。

とはいえ、妻も何も考えずに辞めたわけではありません。当時の**手取り十数万円の生活をずっと続けていくくらいなら、それ以上に収入を得ることができる可能性があり、かつ自由な時間を得られる独立のほうがいいんじゃないかという算段があった**のです。

妻は現在も引き続き全力でファイナンシャルプランナーやコーチングの仕事をして、楽しみながら働いています。

こんな感じで、僕たちは直近の数年間を除けば、本当にどこにでもいるような普通の夫婦でした。

社内で語学研修プログラムがあるんだけど誰か行きたい人いるかな?
イギリス行けるよ
あ、ぼく行きたいです
いま思うと、あれが転機だったかもしれない
英語に抵抗がなくなったから外資系にもチャレンジできたんだよなあ
まなみの転機は?
子どもいたら総合職続けられないって言われたこと
思い出すだけでムカつく!!
あのころはまだ育休後の復帰制度も整ってなかったよね
でもあれで独立しなきゃって思ってFPの資格とったんだよね

03 不労所得にかける思い

こうして「外資系で仕事をしながら、執筆活動で副収入を得られるようになった」と書くと順風満帆のように見えるかもしれませんが、ここに至るまでは本当に長い道のりで、いろいろなチャレンジと失敗がありました。

僕は大学卒業後、新入社員で働きだした20代のころからずっと「不労所得」に憧れていました。「不労所得」とは、読んで字のごとく働かずに得られる所得のこと。これさえ得られれば、毎日満員電車に揺られて通勤することもなければ、必死に営業して商品を売る必要もない……。

思えば大学生のころは、本当に自由な生活を送っていました。ときには友だちと朝までオールでバカ騒ぎして、ときには誰かの家で朝まで飲みながら語り合い、気が向いたら学校にいく。いうならば24時間がすべて自分のものだったわけです。

しかし大学を卒業して企業に就職すると、途端に1日8〜12時間くらいは会社に拘束されるようになるわけです。ですから社会人1〜2年目のころは働くのがイヤだとか仕事が嫌いという気持ちよりも、1日の時間をすべて自分のものにしたいという気持ちのほうが強かったのを覚えています。

当時から僕が求めていたのは次のような生活でした。

・「生きるため」に働かなくてもいい生活
・自分の時間の大半を会社のために使わなくてもいい生活
・自分の好きなことを好きなだけできる生活

「不労所得さえあればこれらがすべて叶うんじゃないか？　勝手にお金が入ってくる

仕組みを作り上げれば、そうした暮らしができるんじゃないか?」
こう考えたことが、僕が不労所得に憧れたスタートだったのです。

とはいえ、そう簡単に不労所得など生み出せるわけがありません。ですから、若いころから可能性を追い求めていろいろなことに手を出してきました。その一部始終をご紹介しましょう。

1 株式投資(短期のギャンブル投資)

2004年、社会人5年目から株式投資をはじめました。スタートにあたり、まずは虎の子の100万円を元手に個別株の取引をおこないました。しかし素人がそう簡単に利益を出せるわけもなく、鳴かず飛ばず。

日経新聞を一生懸命読んだり、ヤフーの掲示板を見たりしては、「この株が決算がいいらしい、あの株は好材料が出そうだ」など、多くの情報に振り回され、飛びついては損、飛びついては損を繰り返していました。あのころは本当に面白いくらいトレードするたびに損を出していましたね。

今振り返ってみると、少し利益が出たら売りたくなってしまうし、逆に損失が出たら見なかったことにしようと封印してしまっていたわけですから、**「利は小さく、損は大きく」という、株をはじめたての人がおちいる悪循環に見事にハマってしまっていたわけです。**

最終的に何十万円もの金額を溶かしてしまったわけですが、今あらためて考えると「若くてお金がなかったがゆえに、どれだけ損をしても100万円以内に収まる」といった状況でこうした経験をできたことは、本当にラッキーだったと思います。

もしその経験がなければ、お金がある程度貯まった30〜40代あたりでいきなり500万円や1000万円を突っ込んで、下手したら5倍、10倍の損失を出していたかもしれません。

退職金ではじめて株に手を出した人が、取り返しがつかないくらい大きな損を出してしまうことがあるという話をよく聞きますが、まさに20代の僕が100万円で経験したことと同じ失敗を、定年後に数千万円という金額でやらかしてしまったということなのでしょう。**何事も、小さく失敗するということからスタートすることが大切**だとあらためて感じます。

2 ブログアフィリエイト

また、ブログにアフィリエイトのリンクを貼ることで不労所得を得ようと思い立ち、2005年には趣味と実益を兼ねてブログを開始しました。

当時はまだスマホもSNSもなかったため、コツコツとブログランキングや相互リンク、トラックバックなどでアクセスを伸ばすのが主流。今となってはありえないくらい不便な世界ですが、SEO（検索エンジン最適化）などさまざまな努力の結果、アクセスはどんどん増え、1か月40万PV、カテゴリランキングでも5本の指に入るくらいの人気ブログになっていきました。

しかし一方で、アフィリエイトとは相性が悪いジャンルの内容だったため、記事を書くのに相当時間を費やしたものの、収益という観点ではほとんど結果が出なかったのです。

それでもブログを書くこと自体は苦にならなかったのですが、当時はWi－Fi環境などない時代。週末になると出張が多く入るという状況が続いて家にいられなくなり、ブログの更新がままならなくなってしまい、2005年の年末で手を引くことにしたのです。

3 FX投資

次いで2006年ごろから手を出したのが、当時流行りだしたFX。株式市場と違って24時間取引ができることから時間の制約がなく、会社員の僕にとっては魅力的でした。

ＦＸは株式の信用取引の何十倍ものレバレッジをきかせられるという謳《うた》い文句ではありましたが、ビビりな僕はレバレッジをきかせることなく1倍で1万通貨のみの取引を続けていました。

しかし、取引が株からＦＸに代わっても相変わらず「利は小さく、損は大きく」のスタイルとなってしまい、トレード結果は損失寄り。株よりも動かす金額が小さかったことから数百円～数千円の勝ち負けを繰り返すイメージで、**時間をとられる割に資産総額へのインパクトはほとんどありませんでした。**

ところが、２００７年を境に相場が急変します。それまでは日本円が一方的に円安になり、多くの人が利益を上げられる相場でしたが、サブプライムローン問題に端を発するパリバショック、リーマンショックが起こったのです。

当時は、「海に入って子どもと遊ぶ前に何百万円のプラスであるのを確認したのに、海から出てきたらポジションがすべてロスカットされて何百万円のマイナスになっていた」という話があったほどの、急激な円高で多くの人が退場。まったくレバレッジをきかせずにトレードしていた僕でさえ30万円ほどの損失をくらいました。とはいえ当時のネットを見るかぎり、リーマンショックの打撃が30万円程度で済んだのは、幸運といえるレベルでしたけれど。

これを機にしばらくＦＸからは離れたのですが、２０１５年にスイスフランショックが起きた際、ＦＸ会社のロスカット機能がきかず、証拠金数百万円に対して何千万円ものマイナスが出てしまったという人たちの話を聞いてからは、一生ＦＸには手を出さないことを決め、そこから一切取引をしていません。

投資の基本として、システムトラブルなどで証拠金以上の借金を背負わされるリスクがある投資は避けるべきです。子どもたちにも**「株は積極的にやれ、でもＦＸだけは絶対に手を出すな」と教えています。**

4 電子書籍、商業出版

　こうして新入社員のころから20年ほどずっと不労所得を夢見てチャレンジしてきましたが、どれも上手くいきませんでした。しかし外資系企業に転職し、順調に仕事をこなしていたころ、大きな転機が訪れたのです。

　2020年のコロナ禍で一気に世界情勢が変わり、仕事が完全在宅勤務に変更になりました。僕は片道1時間半ほどかけて会社に通っていたので、往復で1日3時間も時間が浮くことになりました。そこでふと頭に浮かんだのが20年前の上司との約束、そして電子書籍の執筆だったのです。

　僕が20代で日系メーカーの経営企画室に所属していたころ、当時の本部長からロジカルシンキングや仕事の進め方について教えていただいたことで、劇的にスキルが伸びた時期がありました。その上司の考え方・指導にあまりに感動し、「僕はこの教えを必ず本にします！」と、その上司と約束をしたのです。

とはいえ当時は本を出そうとしても自費出版で100万円くらいする時代でしたから、そう簡単には実現できませんでした。ところが時代が変わり、個人でもまったくお金をかけずに電子書籍を出せるようになったと知り、コロナ禍で生まれた時間を利用して出版をしたのです。

もちろんこの本は上司との約束を守るために書いたもので、利益のことなどあまり考えてはいなかったのですが、**ありがたいことに3万冊近くもダウンロードされ、それがきっかけで半年間に3冊も商業出版をすることになりました。**

そしてこれらの本のおかげで、メディアでの連載記事やオンライン講義などのお話もいただくようになりました。こうした経緯もあり、外資系企業に転職してからちょうど4年後、資産額が1億1000万円に到達した段階で、「これからは会社にとらわれず、好きで得意な執筆で自由に生きていこう」と考え、退職に踏み切ったのです。

若いころからずっと不労所得を得たいと考えて行動し続けていたからこそ、電子書籍出版にも挑戦でき、執筆という天職に出合えたのかもしれません。人生すべてのことがつながっていて、無駄なことなんてないなと感じます。

04 寺澤家の資産推移

さて、こうして「日系企業勤務→外資系企業転職＋副業所得」という変化を経て１億円に到達するまでの僕の資産推移を見ていきましょう。

1 資産推移

僕の資産推移を表した、P１２２のグラフをご覧ください。

資産推移

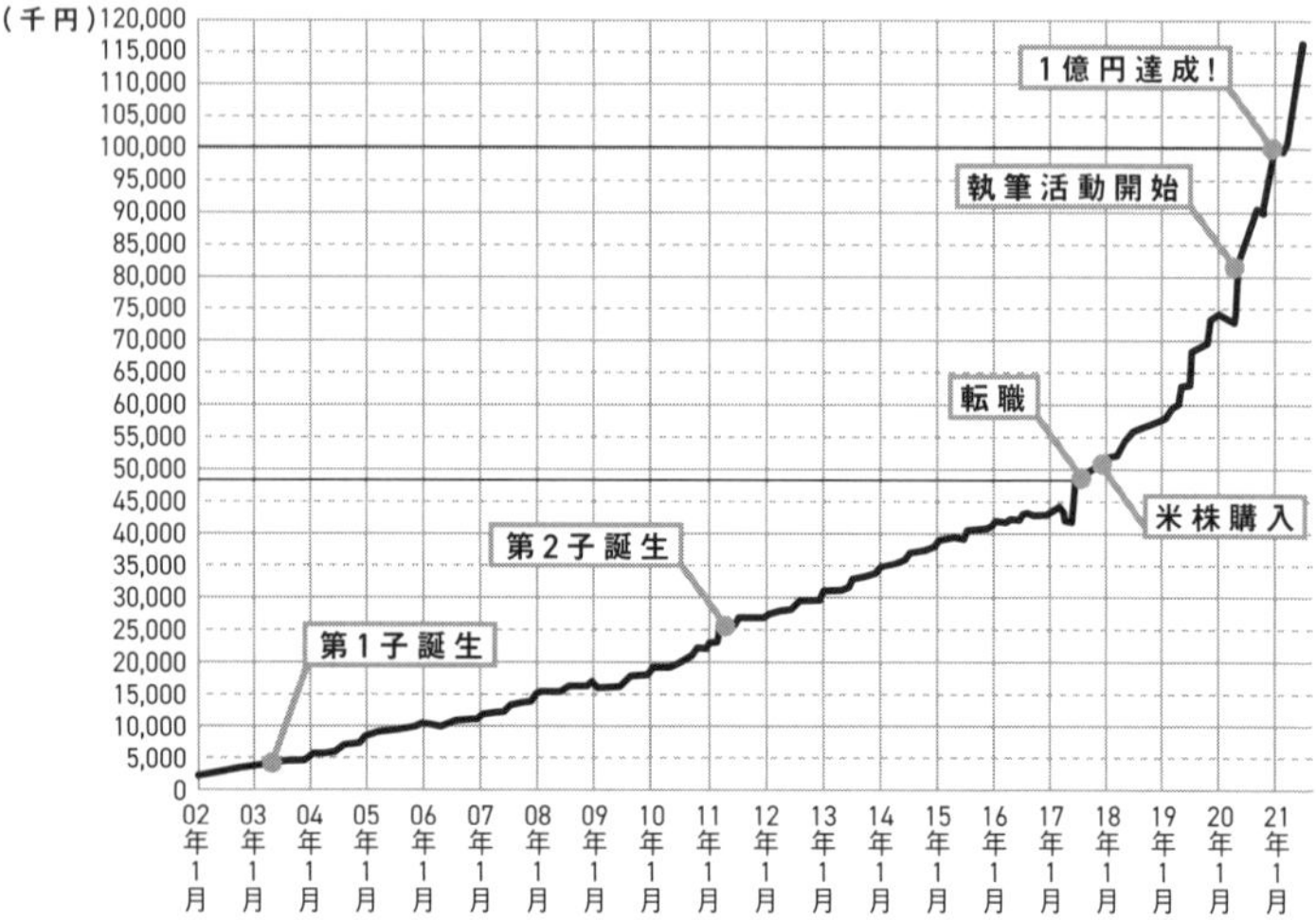

(千円)
120,000
115,000
110,000
105,000
100,000
95,000
90,000
85,000
80,000
75,000
70,000
65,000
60,000
55,000
50,000
45,000
40,000
35,000
30,000
25,000
20,000
15,000
10,000
5,000
0
02年1月
03年1月
04年1月
05年1月
06年1月
07年1月
08年1月
09年1月
10年1月
11年1月
12年1月
13年1月
14年1月
15年1月
16年1月
17年1月
18年1月
19年1月
20年1月
21年1月
1億円達成!
執筆活動開始
転職
米株購入
第2子誕生
第1子誕生

資産
まずはしっかり資産を構築して
節約
節制
転職
株高
円安
余裕ができたら、自分なりの第2フェーズを考える
第1フェーズ
(みんなが同じやり方で再現可)
第2フェーズ
(1人ひとりやり方がちがう)
時間

僕たちは2002年に結婚しましたが、当時夫婦あわせて200万円からのスタートでした。それが2017年の転職時には4800万円。すなわち15年間で資産を4600万円増やしたことになります。

そして2020年12月、資産1億円に到達。その後2021年7月の退職時には資産が1億1500万円。**転職してからの4年3か月で6700万円増えたのです。**

2 ふたつの蓄財フェーズ

こうしてみると、僕の蓄財フェーズは大きく次のふたつに分けられます。

第1フェーズ：2002〜2017年の節約・節制フェーズ
第2フェーズ：2017〜2021年の転職・米株高・印税フェーズ

■第1フェーズ(節約、節制フェーズ)

前半15年間の第1フェーズでは、僕たちは夫婦で共働きをしながら、しっかりとした家計管理をおこない、大小さまざまな支出を見直すことで貯蓄をしてきました。このときの目標は「子どもたちの学費の準備をすること」。子どもが大学卒業するまでにはひとり2000万円かかると言われていたので、ふたり分で4000万円を貯金することを目指しました。

このときに僕がとった貯蓄法は、どのような家庭でも再現性が極めて高い手法です。正しいプロセスを踏めば、お金はきちんと貯まっていきます。この手法に関しては、のちほど詳しく触れていきます。

ただ1点だけこの時期に大きな後悔があります。それは、2012年後半からはじまったアベノミクスに乗れなかったことです。この当時、日本の株式市場はひどいものでした。

・２００６年：ライブドアショック
・２００８年：リーマンショック
・２００９年：ユーロ危機
・２０１０年：民主党政権下の低迷
・２０１１年：東日本大震災での低迷

こうして数多《あまた》の暴落を経験したことで相場に対して手が縮んでしまっており、株式相場に嫌気がさしていて株に手を出せなかったのです。これが本当にもったいなかったと思います。

■ 第２フェーズ（転職、米株高、印税フェーズ）

しかし、後半の第2フェーズでは、転職を機に少しスタイルが変わります。年収が上がり、少し気持ちに余裕が出て株式投資を再開。しかもちょっと上がるとすぐに売りたくなっていた性格の僕が、気持ちの余裕からか、**打って変わって長期投資のスタイルをとるようになったのです。**

このときに投資先として選んだのは、今まで散々痛い目を見てきた日本株ではなく、グーグル、アップル、アマゾンなどの米国株。そしてそれらがその後4年間で軒並み2～5倍くらい伸びてくれたことを受け、金融資産が大きく増加したのです。

あわせて僕が勤めていた外資系企業は給与体系の一部として株を付与する制度があり、2017年に付与された800万円分の株が4年後に4倍近くの3000万円超になったことで、資産増に大きく寄与してくれました。

FIREした人の多くが投資で資産を大きく増やしていますが、アベノミクスの株高局面で下手を打った僕も、会社の株の付与のおかげでなんとかそこに滑り込めたのです。

これとあわせて、**このフェーズからはじめることとなった副業としての出版の印税**

も、資産増加に寄与してくれました。

第1フェーズとは異なり、第2フェーズのほうの再現性はあまり高くありません。これは、第1フェーズが「現在働いている職場で給与を得て、その範囲内でどのように資産を増やすか」という現在の延長線上に焦点が当たっている一方で、第2フェーズが「より給与の高い企業へ転職をしたり、自分の好きなことでお金を生み出したりする」という、現在とは違う行動が求められているからにほかなりません。

特に一人ひとり「好きで得意なこと」が違いますから、この第2フェーズは僕のやったとおりに再現しようとするのではなく、あなたが価値を生み出せるものは何なのかということを、人生をかけて探し出していく必要があるのです。

ですから、**FIREをするためには、まずは第1フェーズでしっかり資産を構築しながら、余裕が出てきたら自分なりの第2フェーズの迎え方を考えておくことが大切なのです。**

3 資産を増やすための基本的な考え方

さて、こうして僕の職歴や不労所得への取り組み、資産を増やした経緯などを振り返ってみると、次の3点がFIREへの大きな後押しとなりました。

1. 外資系企業に転職したことと副業の成功で、資産額の増加が加速したこと
2. コツコツと節約・節制をベースとした貯蓄をしてきたこと
3. 株価が伸びる局面で米国株を持っていたこと

これらの手法は、一般化すると次の3つであるといえるでしょう。

手法①：収入を増やす
手法②：支出を減らす
手法③：資産を運用する

私たちが資産を増やそうと思ったら、まず毎月の収入をどのように増やすかということと、毎月の支出をどのように最小化するかを考える必要があります。こうして「収入－支出」をできる限り多くして手元に残る金額を増やしていき、それを運用に回していくしかないのです。

ひとつハッキリといえることは、「普通の会社員で1億円を貯めた人のほとんどが投資をしている」ということ。FIREするくらいの資産を構築するためには、「収入－支出」を積み重ねるだけでは限界があります。**毎月何万円かを投資に回すと決めて、収入から先に抜いてしまうなどして、継続して投資をするようにしてください。**

次章からは、僕がこの3つのポイントについてどのようなことを考え、資産を構築してきたかについて具体的に触れていきます。

FIRE仲間コラム7

投資家バクさん

FIRE仲間で投資家といえば、高配当株投資系YouTuberの投資家バクさんです。僕がバクさんに親近感を持った点は、アベノミクスのときに株式の短期売買を繰り返して失敗されたこと。まさに僕と同じ株高の流れに乗れなかった組だったのです。

しかし、そんなバクさんはコロナ禍の自粛期間で空いた時間を利用して、YouTubeなどの動画から投資を学び直しました。そして、投資の本質は長期のインデックス投資と優良高配当株への投資だと気づき方向転換。大きな利益を上げられています。

今ではYouTubeだけでなくXやInstagramでも発信し、さらに高配当株の書籍も出版。最近では高配当株投資を誰でも簡単に管理できるツールである「配当ナビ」を開発してリリース。人気コンテンツとして、多くの人に愛用されています。

このように、正しい投資を学べばいつからでも人生は変えられます。あなたもぜひ本書を機にはじめてみてください。

投資家バクさんのSNSやサービスは次のとおりです。ぜひご覧ください!

X	Instagram	YouTube	配当金管理ツール
@Toushi_Baku	@toushi_baku/	【投資家バク】高配当・増配株で目指せFIRE	配当ナビ

FIRE仲間コラム8

T_Tさん

僕のFIRE仲間で、株式投資で大成功したのがT_Tさん。労働所得と株式投資のみで資産を増やし、平均以下の給与であったにもかかわらず、40歳で労働を必要としないファットFIRE（資産収入のみで生活できるFIRE）を実現されました。

そんな彼の投資手法は、超長期投資。普通の人が数年程度を長期と考えるところを、T_Tさんは「株を10年以上持つのは当たり前」と、我慢強く保有し続けています。

なお、次のような視点から銘柄の選定をしているそうです。

・絶対潰れないであろうこと（成長性は二の次）

・配当を出していること（配当3%で20年放置したら60%になる）

・割安であろうこと

ちなみに過去21年間の投資人生の中で損切りをしたことが1度あるかないかくらいだというから驚きで、むしろ買った株が下がれば下がるほど、含み損が大きくなればなるほど嬉しくなって、追加で買い増しをしてしまうそう。

T_Tさんは、今後は「ノマド地方旅行家」と称し、日本中の都市圏以外の地域に定住し、そこの良さをSNSなどで主に外国人観光客に発信する活動をしていきたいそうです。

T_TさんのブログやSNSはこちらです。ぜひ覗いてみてください！

X

@LimitellT_T

ECO & FIREブログ

https://eco-fire-sustainable-happiness.com/

FIRE仲間コラム9

ねこなべさん

ねこなべさんは、「不動産収入を積み上げ、それを日本株に投資し、配当金を大きくしていく」というスキームを作り上げ、36歳でFIRE。

彼はよく言われる投資の運用益だけではなく、配当金や家賃収入など地に足のついた不労所得を積み上げることがFIREに必須だと感じて、この手法に行きついたそうです。

しかも、FIREという言葉も、そうした生き方に対する周囲の理解もまだ日本にない10年前に、この考え方に到達したというから驚きです。

彼の持論で面白いのは、「FIREとは自身の思考や発想をもとに作り上げたひとつの作品である」ということ。

FIREに至る道筋は実に多様で、その達成者の数だけ生きざまがあります。まさに、FIREは個人の努力と思いがつまったもの。これを「作品」と表現したねこなべさんのセンスに心が震えました。

このようにFIの手法は人それぞれ。みなさんも自分に合ったFIの方法を見つけ、自分だけのFIREという作品を作り上げてください。

ねこなべさんはXで株式市場と不動産投資経験者の視点について発信をしています。お気軽にフォローしてください！

X

@nekohoujicha36

資産構築手法 1

収入を増やす

前章で、FIRE実現に向けた資産構築をするためには「収入を増やす」、「支出を減らす」、「資産を運用する」という3つのポイントがあると書きました。ここでは、そのひとつめである「収入を増やす」ことについて触れていきます。

収入を増やすには、主に次の3点があります。

・夫婦共働きをする
・副業をする
・転職をする

01 夫婦共働きをする

収入を増やすというテーマにおいて、もっとも取り組みやすく効果が高いのは、副業や転職ではなく、夫婦で共働きをすることです。

1 共働き世帯の割合と、共働きの効果

厚生労働省によると、2019年の共働き世帯と専業主婦世帯の合計世帯数は1827万世帯で、専業主婦世帯はそのうち582万世帯。全体の32％はまだ専業主婦世帯です。

そうした専業主婦世帯では、共働きをすることで世帯年収が100～200万円は

上昇します。男性が今の仕事をどれだけ頑張っても、これだけ年収を上げることは難しいのが実情ですから、専業主婦世帯で共働きをすることは、家計改善に対してかなり即効性、確実性があり、効果も大きいアクションだといえるでしょう。

2 扶養から外れても、大きく稼ぐほうがいい

寺澤家の話をすると、妻が勤めていた会社で産休、育休を取得。第1子が1歳のときに保育園に入れ、復職しました。しかし前述のとおり、妻の会社では女性の育児に対する扱いが現在のようにあたたかいものではなく、妻は僕と同じくらいの給与をもらっていたその会社を退職し、近所の会社のパートに従事することになりました。

妻は当初、扶養から外れないように、年収103万円以下で働いていましたが、年収の上限があることが嫌でたまらないといってパートを1年ほどで辞めました。そして、「103万円を超えないようにセーブして働くより、派遣や契約社員でもっとガンガン働いたほうがいい」ということで年収を上げてからは、貯蓄スピードが年

100万円ほど上がったのです。

ここから言えることは、**扶養内でいることにこだわって年収を抑えるよりも、そんなことを気にせずに稼いだほうが資産形成には効果がある**ということです。

その後、妻はファイナンシャルプランナーとして独立しましたが、それによってさらに、会社に低賃金で抑えられている状況から収入状況が大きく改善しました。

こうしてライフステージごとに所得の大小はありましたが、とにかく僕たちは夫婦で働くという選択肢をとり続けてきたのです。

02

副業をする

1 国が副業を推進している

厚生労働省は2018年1月に副業・兼業について「副業・兼業の促進に関するガイドライン」を策定。そしてさらにルールを明確化するため、2020年9月にガイドラインを改定しています。

「副業は会社で禁止されているから……」という言葉をよく耳にしますが、実はこのように、すでに国が副業・兼業を推し進めようとしているのです。

こうして将来、副業は多くの企業で解禁されていくでしょうから、貯蓄を増やしていくためにはきちんとこの流れに乗るべきです。しかし**準備をしておかないと、いざ副業が解禁されたとしても、「何もできない、何をしたらいいかわからない」という状況になってしまうことでしょう。**

ですから、もしあなたの会社で副業が禁止されていたとしても、「自分には関係ない」と目を背《そむ》けずに、一度副業と向き合ってみてください。もちろん副業がOKとされている会社に勤められている場合は、今すぐに何ができるかを考えてみましょう。

人生ではこのように**「所属している会社にとらわれず、まずやってみる」**ということが大切です。僕たち夫婦も、在職中から行動を起こして今に至ります。

妻はお金の話と人の資質を見ることが好きなので、在職中からお金の学習をはじめ、ファイナンシャルプランナーとして独立。今ではストレングスファインダー®(米国ギャラップ社が開発したオンラインでの才能診断ツール)のギャラップ認定ストレングスコーチとしても活躍しています。そして僕は物事を人に文章で伝えるのが好きなので、在職中に執筆、出版に取りかかり、ある程度の手ごたえを感じてから退職しました。

このように、在職中からでもできることはたくさんあります。**ぜひ会社を辞めるという大きなリスクや不安を抱える前に、毎月給与が振り込まれるという安心感のもとで、思う存分副業にチャレンジしてみてください。**

2 選ぶべき副業の条件

それでは、会社員はどのような副業を選ぶべきなのでしょうか。僕が思う条件は、次のとおりです。

- 時間に厳しい制約がない副業
- 自分が好きで得意な分野の副業

■時間に厳しい制約がない副業

会社員としてのデメリットは、自分で自分の時間をコントロールできないこと。本業で急に忙しくなるかもしれませんから、「いつやってもいいし、やらなくてもいい」くらいのゆるい感じから副業をスタートするほうがいいですね。

■自分が好きで得意な分野の副業

副業を選ぶ基準は「好きで得意」なことがいいです。

副業は人からお金をもらって何かを提供し、満足してもらわないといけないわけですから、少なくとも得意な分野でないと難しいでしょう。

しかし一方で、得意であっても好きではないことを副業にするのは精神的によくありません。特に普段本業で好きではないことをしている場合、副業でさらにストレスをためるようなことは避けないと、メンタルを病んでしまいます。

副業は「自分が好きで、のめり込んでいて、空いた時間にちょっとずつ、ワクワクしながら進められるようなもの」がベストなのです。

3 選ぶべきではない、NGな副業の条件

逆に、次のように選ぶべきではないと考えられる副業もあります。

- 時給で働く副業
- 大きな初期投資がかかる副業
- ネットワークビジネス・マルチ商法（MLM）

副業の中でもおすすめできないNGなタイプのものがあります
注意！
まず時給で働く副業
ビールお待たせしました！！
つかれた…
ハーイ
無理して体を壊したら元も子もないですし
次に、大きな初期投資が必要な副業
在庫を抱える商売もあまりおすすめできません
マルチ商法は論外です！
絶対にやらないでください

■ 時給で働く副業

副業というと、まっ先に「時給○円で飲食店などでバイトすること」といったイメージを持たれる方も多いのですが、本業以外でさらに時給で働くというのはあまりおすすめできません。

時給でお金を稼ぐということは、決まった時間に職場に行って、決まった時間働き続けなければいけないということです。**もともと本業で平日に時間を拘束されているのに、さらに休日まで拘束されてしまうと、本当に自由な時間がなくなってしまいます。**

また、仮に時給1000円で土日8時間ずつ4週間働いたところで、1か月に6万4000円にしかなりません。ですが、きちんと時間をとり、自身の価値をきちんと見出し、それを世の中に提供できれば、より短い労働時間でより多くの収入を得ることができるかもしれないのです。

自分がどのような人生を送りたいのかを想像してワクワクしたり、自分自身のスキルを見つめ直して提供価値を作り出していったりすることは、時間に余裕がないとできません。ですから、**時間を売ってお金を稼ぐような副業の選択は避けましょう。**

同じ観点から、会社で長時間労働をして残業代を稼ごうとするのもおすすめできません。結局残業代で収入を増やすという行為は、今以上に企業に依存してしまうことを意味します。企業に依存すればするほど、「会社を辞めて生きていく」ことから遠ざかってしまうのです。

■大きな初期投資がかかる副業

副業は可能なかぎり、リスクを取らずにおこなうことが鉄則です。何十万円も払って週末だけカフェをやってみたものの、人がほとんど来ず赤字経営だったり、最初に何十万円もの大きな仕入れをしたがまったく売れずに在庫の山になってしまったりというように、副業をはじめたことで逆にお金を支払うことになってしまっては本末転倒です。

あくまで副業とは、「本業は別に持ちながら、少額でもいいので収益を得られるようにする」という位置づけ。ですから長年の夢を叶えるために一念発起して事業をおこなうといった大きなイメージは捨て、**まずは事業規模も初期投資もできるかぎり小さくすることを心がけてください。**

あわせて、やりたいという気持ちだけで着手するのではなく、**きちんと初期投資金額、想定収入額、回収期間などを見積もったうえで取り組んでいきましょう。**

■ ネットワークビジネス、マルチ商法（ＭＬＭ）

また副業として絶対に選んではいけないのがネットワークビジネス、そしてマルチ商法（ＭＬＭ）です。

これは呼び方が違うだけで、どれも「新規加盟者・購入者を勧誘することで勧誘者に利益がもたらされるという仕組みにより、加盟者が新たな加盟者を勧誘、その連鎖によって組織や販路の規模を拡大していく」というビジネスモデルです。

あなたがこうしたビジネスをはじめる際には、最初に何十万円分の商品を買わないといけませんし、その在庫をもとに利益を得るためには、次はあなたが友人を勧誘しなければいけません。その結果、あなたも友人も借金を抱えてしまったり、まわりの友人との人間関係が崩れてしまったりする可能性があります。

人生で最も重要なのは人間関係です。どれだけお金があっても、どれだけ時間があっても、友人がひとりもいなければ残りの人生の時間は苦痛なだけです。**ですから友人から縁を切られ、大量の在庫だけが手元に残る可能性の高いネットワークビジネス、マルチ商法のような副業には手を出さないでください。**

03 転職か副業か

副業とともに、収入を上げる術として取り上げられるのが転職です。実際に僕も転職で大きく人生が変わった側にいます。

ただ、それでも僕は転職を強く推す考え方ではありません。「転職をして、より給与の高い企業に行こう」と言葉にするのは簡単ですが、実際の転職には「業務の大幅な変化」、「人間関係の変化」、「勤務地の変化」など複数の大きな変化を伴います。これは上手くいけばいいのですが、上手くいかない可能性もあり、人生における大きな賭けとなります。

ですから、もし今の環境に不満がないのであれば、転職を考えるよりもまず、今の会社で安定的にお給料をもらいながら新しい収入の道を模索したほうがよく、**転職よりも副業のほうを優先的に検討すべきだと考えています。**

とはいえ、今の会社が「副業など考えられないくらい絶望的に忙しい」とか、「同じ業種と比較して給与がかなり低い」とか、「パワハラがひどいブラック企業である」などの場合は、副業を模索している場合ではないので、転職を優先的に検討したほうがいいでしょう。収入のベースとなる本業が落ち着いていないと、その上に副業を構築できません。

また、外資系企業や日系大手企業に誘われるなど、挑戦できる道があるのなら、しっかり準備してチャレンジするのも人生を変える大きな機会だと感じます。

受けるのはタダですし、「受けてみて通れば最高、受からなくても何も変わらない」という選択肢にはリスクがありませんから。

むしろ受ける段階でビビって行動をしなければ、人生を変えることができません。

転職するかどうかは、一旦受けてみて、受かってから考えればいいのです。

FIRE仲間コラム 10

じんべいさん

僕のFIRE仲間で、「好きで得意」な副業で成功したのがテスラYouTuberのじんべいさんです。じんべいさんは英語が大の得意で、TOEICでも3回満点を取っているほどの実力者。

ピーター・リンチ氏の「年に20%以上成長し、株価が10倍になる可能性がある小企業に投資しろ」、「投資する会社について徹底的に知れ」という投資手法に感銘を受けた彼は米国のテスラ社と出合い、徹底的に研究。その計り知れない成長ポテンシャルに魅せられ、テスラ株を購入して資産を大きく増加させています。

そして、得意の英語スキルを活かしてテスラ社の一次情報を英語で取得し、わかりやすくYouTubeやXで発信して人気チャンネルに成長させました。ぜひYouTubeを覗いてみてください!

まさにこれは「好きなテスラ社」×「得意な英語」の掛け算で上手くいった好例。長い人生の中でこうした「好き」×「得意」をひとつ見つければ、人生観がまったく変わってきます。

あなたの「好きで得意」で楽しく稼げる天職は何でしょうか?

X

@jinbeitesla

YouTube

じんべい【テスラとNio】について語るチャンネル

資産構築手法 2

支出を減らす

この項目では、資産構築のふたつめのポイントである、「支出を減らす」ことについて触れていきます。

支出を減らすと一口にいっても、その対象は多岐に渡ります。固定費や変動費、家や車、保険などの大きな出費から日々の生活にまつわる買い物まで、さまざまなところに支出を減らす余地は隠れています。

寺澤家での支出とその削減例を見ながら、あなたの家での支出に当てはまるところがないか、想像しながら読み進めていってください。

01 収入が増えても支出を増やさないことが肝要

僕たち夫婦は、結婚当初から家計簿を作成して家庭の支出を見える化してきました。

そして、**「どこをどう改善すれば、よりお金を貯めることができるのか」について夫婦で議論を積み重ねました。収入が低いうちから、家計の無駄をそぎ落とした支出管理をおこなうことで筋肉質な家計体質を築き、それにより貯金を積み上げてきたのです。**

家計は一度無駄な支出、特に無駄な固定費をそぎ落とすと、本当のぜい肉と違ってあまりリバウンドはせず、長期間にわたって蓄財を可能にしてくれます。

収入を多くすればもちろん資産1億円には近づくのですが、それよりもまず支出を抑えることが、大きな資産構築への本当の近道なのです。

僕たちにとって、こうした家計の無駄をできる限り少なくしていく考え方を若いうちから身につけられたことは、非常に幸運でした。若く、収入が少ないうちからこの考え方が当たり前だと感じられるようになったおかげで、歳を重ねて収入が大きくなったときにも、無駄な支出を増やすことなく生きていけたのです。

人が生きていくために必要な金額は、年収がいくら高くなろうと基本的にはそんなに変わらないはずです。しかし、**一般的に年収が高くなるにつれて支出はどんどん上がっていくもの。僕たちはそこで気をゆるめず支出を増やさなかったことで、外資系企業に転職した際、一気に貯蓄を増やすことができたのです。**

02 支出を大きく減らすポイントは固定費にある

手取り収入を100万円上げることと支出を100万円減らすことは家計に対して同じ効果がありますが、実際に手取り収入を100万円上げるのは容易なことではありません。ですが一方で、支出は自分でコントロールできるため、計画を実行しやすいのです。

さまざまな本やサイトを見ていると、日々の節約術がたくさん出てきます。もちろん多方面に節約意識を広げることは大事ですが、**小さな節約をかき集めるより先にや**

るべきことは、大きな固定費の削減です。僕たちも次の3つの支出を意識することで資産の積み上げを加速させてきました。

・家を買わないこと
・保険を適正な額にすること
・（生活に必須でなければ）車を持たないこと

そこで、まずこの3大支出の削減について掘り下げたあと、日々の支出について触れていきます。

03 家を買わないこと

家は人生で最も高い買い物のひとつだと言われています。そのため、よく雑誌やネ

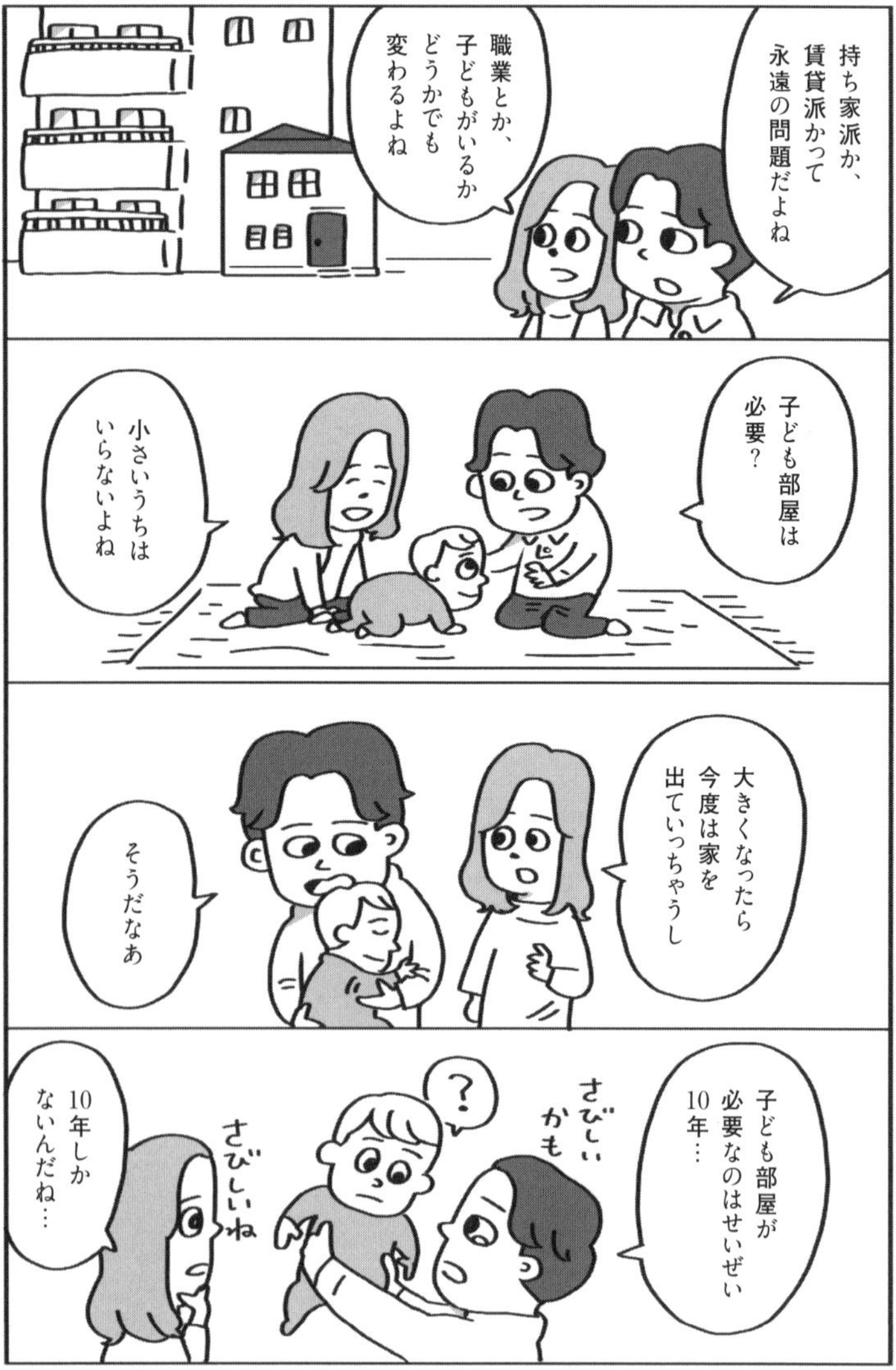
持ち家派か、賃貸派かって永遠の問題だよね
職業とか、子どもがいるかどうかでも変わるよね
子ども部屋は必要？
小さいうちはいらないよね
大きくなったら今度は家を出ていっちゃうし
そうだなぁ
子ども部屋が必要なのはせいぜい10年…
さびしいかも
？
さびしいね
10年しかないんだね…

ットで「持ち家派か、賃貸派か？」という論争がなされているのを見かけますが、僕たちの結論は賃貸でした。

これは、いい物件に出合わなかったからとか、タイミングが合わなかったからという理由ではありません。夫婦で議論し、「資産形成や人生設計において、家を買うことはあまりいい影響を及ぼさない」と考えたうえで、賃貸を選んでいます。そう考える理由は次のとおりです。

- 必要な家の広さや部屋数はその時々で変化する
- 家を買うと、その場所から動けない
- 35年後のことは誰にもわからない

1 必要な家の広さや部屋数はその時々で変化する

今、あなたが家を購入するなら、どれくらいの広さや部屋数の家を検討しますか。

「小さい子どもがふたりいるから、将来の子ども部屋のことも考えると4LDKくらい必要だよね」といったことを考えるのではないでしょうか。

しかし実際のところ、子どもが小さいうちは部屋を与える必要がありません。小学校の高学年でようやく部屋を与えるかどうかなのです。

ちなみに寺澤家では、上の子が中学生になったときに部屋を与えました。FIREして2年経ち、現在は大学3年生ですから、あと1年ほどしたら就職して家を出ていってしまうことでしょう。

そう考えると、子どもに部屋が必要な期間というのは、せいぜい10年くらいです。そしてその10年が過ぎ、子どもたちが全員出ていったあと、はたして夫婦ふたりで3LDKや4LDKの広さの家は必要なのでしょうか。

このように家を購入しようとすると、現在のライフステージにかかわらず、「将来部屋数が最も多く必要になる時期」にあわせた大きさの家を検討してしまいがちです。

しかし、ずっと4LDKの部屋に住むのではなく、2DKでいいときは2DKに住んでおき、3LDK、4LDKが必要になったらそのときに住居を変える。また子どもたちが巣立って2DKで十分になったら引っ越す、という選択をすることで、**人生においてトータルの家賃を大幅に引き下げることができるのです。**

2 家を買うと、その場所から動けない

当たり前の話ですが、家を買うとその場所から動きにくくなります。

人生の岐路において、最も選びたい選択肢が住居の移動を伴うものだったとしましょう。しかし、持ち家があるからという理由でその一番魅力的な選択肢を選ばない、もしかしたら選べないということだって十分に考えられるのです。

僕が社内の語学留学プログラムに手を挙げてイギリスにいくという選択をしたとき、そして外資系企業に転職したときが、まさにその人生の岐路だったといえるでしょう。

この語学留学プログラムに参加するためには選考面接があったのですが、その際、人事部から「留学して帰ってくる際は大阪の本社に異動することになりますが、よろしいですか？」と聞かれたのです。

僕たちは当時、東京に住んでいました。もし東京に家を買ってしまっていたら、大阪に転勤することを嫌って留学という選択肢を諦めていたかもしれません。

また2017年には外資系企業に転職して、今度は大阪から東京に引っ越すことになりました。こちらも、もし大阪で家を買ってしまっていたら、東京での転職活動という選択肢をはじめから選んでいなかった可能性があります。そうすると今の僕はないわけです。

人生の転機みたいな大きな話でなくとも、地震リスクや不完全施工リスク、市町村の破綻リスクだってあります。ほかにも、隣人がものすごく迷惑をかけてくるリスクなども、まとめて背負い込むことになります。

こうして自分の人生の変化や周囲の状況、経済状況などに応じて気軽に住環境を変えることが著しく制限されることを考えると、**僕は家を持つということは「自由に生きること」という目的から外れていると感じるのです。**

今はインターネットにつながりさえすれば、どこでも仕事のできる時代になってきたわけですから、**我々はひとところの土地に縛られることなく人生の自由度を高めていく必要があるのです。**

3 35年後のことは誰にもわからない

■ 退職後もきちんと支払いはできるのか？

現在、多くの人が35年ローンを組んで家を買います。しかし、この35年の間にどのようなことが起こるでしょうか。

家を持つと修繕積立金や固定資産税など、今まで不要だったお金が追加で発生します。特に修繕積立金は、家が新しい間はそう高くないかもしれませんが、年数が経つにつれてどんどん上がっていく可能性もあります。

また、「35年後まで支払いが続く」ということは、30代で家を購入した場合、多くの人にとって退職後の年金暮らしになってもまだローンを支払うことになります。さらに、35年間にそれだけの金額を払い続けられる保証もありません。

20年後、30年後、その返済額を払ってもなお余裕のある生活ができているのでしょうか、それともその額を払うことすらできないくらい厳しい生活をしているのでしょうか。そんなことは誰にもわかりません。退職金が思っていたよりも少なかったり、どこかのタイミングで年金制度が改悪されたりして、見込んでいた収入が激減するかもしれないのです。

もちろん収入が激減するリスクなどは、家を買っていても買っていなくても同じです。しかし、**賃貸の場合はもっと家賃が安い家に引っ越すことができます。一方家を買ってしまっている場合、収入が激減しても、そのローンの支払いから逃れることはできないのです。**

■ 35年先に借りられる家は、今より近代的な家

もうひとつ、35年という歳月に関連して指摘したいことがあります。それは、地震リスクや収入減リスクなどさまざまなリスクを乗り越えて35年後にローンを完済したときにようやく手に入るのは、35年前に建てられた古い家なのだということです。

35年後にはきっとものすごく技術が発達しているでしょうから、そのとき賃貸派でいれば、最新式の設備が整った家を賃貸できるでしょう。しかし家を購入してしまっていると、35年前の機能しか備えていない家を保有していることになるわけです。もちろんその家に最新の機能を備えようとすると、追加で費用がかかることになります。

「今から35年後の最新機能って、何がどれだけ変わるんだ？」と思われるかもしれません。ですが、スマホが世に出てからですら、まだ十数年しか経っていないのです。

僕も35年前はまだ小学生でしたが、そのころの淡い記憶と比べても、パソコンがひとり一台の時代になり、テレビは薄型化／大型化し、車は自動運転できるようになり、VHSはなくなり、家にいながらネットで欲しいものを買えるようになり、ドラム式洗濯機で乾燥ができるようになり、不在の間にお掃除ロボットが勝手に部屋中を掃除してくれる……ほかにも挙げればキリがないくらい技術が向上していることに気づきます。そう考えると、今から35年後にどれほど技術が発達した世の中になっているかなんて、想像がつきません。

ですから、**僕は仮に賃貸と持ち家にかかるコストがまったく同じだったとしても、賃貸で最新の技術が搭載された家に住みたいなと思うのです。**

4 寺澤家の家賃事情

最後に僕たちの家賃事情がどのようなものだったかお話します。

■ 結婚当初

都内だと、結婚してすぐに家賃10~15万円の家に住む方が多いようです。しかし結婚当初、僕たちは25歳と若く、収入も多くなかったため、とにかく家賃を抑えることを考えました。

そして手ごろな物件を必死になって探し、最終的に郊外の2DK、45㎡の団地を選択したのです。当時すでにひとりめの子どもがいましたが、実際子どもが小さいうちは部屋が必要なわけではありません。広くも新しくもない家ではありましたが、住めば都。気がつけば、大阪に転勤する直前まで11年も住んでいました。

この団地の家賃は、なんと月額7万6000円。もし僕たちが「結婚して共働きなら、都内でこれくらいのマンションに住むのが普通だよね！」といって、**何も考えずに月額15万円の家を選んでいたとします。そうしていたら、その11年間に支払う家賃だけで976万円も違っていたことになります。**

■ 大阪に転勤

大阪に転勤した4年間は、上の子がもう小学6年生になっており、下の子もいたため、広めの家を選択。会社の福利厚生で毎月7万円までの家賃補助を出してもらえたため、大阪市内で3LDK、65㎡の新しめのマンションを選びました。月額9万7000円だったので、実質家賃2万7000円で暮らせていたことになります。**この4年間で336万円も家賃を会社に負担してもらっていたことになりますね。**ありがたい話です。

■転職で東京に引越し

そしてその後、外資系企業に転職して、また東京に戻ってきました。再度郊外エリアを選んだのですが、今度は子どもたちが中学3年生と小学1年生でしたから、前と同じ広さの家を選ぶわけにはいきません。3LDK、約70㎡で月額13万円の家を選択して今に至ります。

それでも、もっと都心に近い駅で家を選んでいたらこの広さだと月額20万円以上はするでしょうから、月7万円は浮いている計算になります。僕としては毎月家賃に20万円を払うよりも、都心に出るのに電車に30分乗らないといけない代わりに、自由に使えるお金が毎月7万円増えるほうが幸せを感じます。こちらもFIREまでの**4年間で336万円ほど浮いた計算になります。**

そして、「子どもたちがふたりとも巣立ったら、また住む家を見直そう」と夫婦で話をしています。

04 保険を適正な額にすること

1 高額な保険に入らなくてもよい

保険は人生の中の大きな支出のひとつです。特に生命保険の契約は長期間にわたることが一般的ですから、一度生命保険に入ると20〜30年以上保険料を支払い続けることになります。

日本では、1世帯あたりの生命保険／医療保険の年間支払額は平均40万円ほどだそうなので、30年間支払い続けるとすると、各家庭が１２００万円もの金額をそれぞれ支払っていることになります。

それでは実際に、ここまで高額な生命保険／医療保険に入るべきなのでしょうか。**僕の答えはNOです。**ただし、貯金がないうちから共働きの一方に万が一のことがあった場合は大変ですから、**若いうちに子どもが生まれた場合の死亡保険は最低限必要です。その場合も高額の保険ではなく、保険金額が毎年減っていく逓減《ていげん》型の掛け捨て保険を選んでおけばいいでしょう。**

また、あわせて高額な保険が必要ない理由としては、日本の医療制度が整っていることがあげられます。

日本には国民皆保険制度があり、保険証さえあれば、「いつでも」「誰でも」必要な医療サービスを受けることができます。これは僕たちにとっては当たり前のことですが、海外に比べると相当恵まれています。

そして、**高額療養費制度も我々の大きな味方です。**高額療養費制度とは、日本の保険医療機関の窓口で支払う医療費を一定額以下にとどめる、公的医療保険制度における給付のひとつです。これにより高額の医療費がかかった場合にも、**収入に応じて算出される自己負担限度額を超えた部分が後で返還されます。**

寺澤家でも妻が子どもたちを出産する際、切迫早産で2度入院しましたが、ふたりめの入院のときは高額療養費制度のおかげで支出は1か月8万円程度と限定的でした。

こう書くと、「あれ、ひとりめのときは?」となりますよね。実は僕たち夫婦は20代半ばのときはこうした知識がなく、退院時に30数万円支払ったのですが、後で申請すれば自己負担限度額を超えた分が戻ってくることなどまったく知りませんでした。病院の支払窓口の人も、まわりの人も、そして会社も、誰もそういうことを教えてくれなかったのです。

僕たちは、何年も経ったあとにこのことを知って愕然《がくぜん》としました。**そして二度と無知によって何十万円も損をしないよう、お金に関する知識を身につけようと誓ったのです。**

これが今の僕たちの、お金の知識向上に対するモチベーションにつながっています。

ともあれ、こうした制度があることを前提に考えれば、医療費はみなさんが思うよりもはるかに安く済ませることができますから、高額な保険は不要だということもご理解いただけると思います。

このように、**「家族を持ったら高い生命保険／医療保険に入るもの」と思い込むことなく冷静に判断し、くれぐれも盲目的に高額の保険に入ることのないようにしてください。** ましてや独身の方なら、生命保険はまったく不要です。

2 寺澤家の保険

僕が今入っている保険は、逓減型死亡保険で年金支給型のもの。僕に万が一のことがあった場合は、月額11万円×12か月が、下の子が22歳になるまで支払われます。

いまどんな保険に入ってますか?
えーっと…
たしか生命保険に
毎月いくら払ってます?
いや…知りません…たぶん月2万円くらい?
万一の場合、どれくらいもらえますか?
知りませんよ!大学の先輩に勧められて入っただけですから!
ぶわっ
なんかごめん…

下の子が22歳になるときには、僕は56歳であり、それ以降は1円も保険金が出なくなりますから、そこからは保険を完全に0円にする計画にしています。

こうして一般家庭の平均保険料が年間40万円ほどであるのに対し、現在寺澤家では年間2万8000円に抑えられており、**平均値と比べると年間37万2000円、この20年で744万円浮いている計算になります。**

3 今自分が入っている保険について知ろう

■自分の保険の内容を見直してみよう

ここまで理解をしていただいたうえで、今一度ご自身が加入されている保険を見直してみてください。

僕や妻はこうした保険の話をまわりにすることが多いのですが、**驚くことに、今自**

分が入っている保険がどのような保険で、毎月いくら支払っているか知らないという人がかなりの割合でいるのです。

3大支出のひとつなどといわれるくらい大きな支出であるにもかかわらず、一度入ったら意識のスコープから外れて見直すことすらないのが保険の怖いところ。

ですから、**自分が入っている保険の種類、支払額を知り、そのうえでそれが本当に適切な金額なのか、また減らしたり解約したりしたらどうなるのか、ということを考えてみてください。**今ここで保険を見直すアクションをとることで、10年後、20年後の資産に大きく影響します。

■ 会社の制度も見直してみよう

また会社の制度も確認してください。大手だと従業員が亡くなった場合、残された家族に1000万円単位のまとまったお金を支払ってくれる場合もあります。こういう制度があるなら、まさに生命保険に入っているのと同じなので、個人で別途保険に入る必要はありません。

ほかにも健康保険組合によっては高額療養費制度に似た「付加給付制度」という自己負担額をさらに軽減する制度がある場合もあります。

このように、**従業員のサポートがかなり手厚い会社もありますから、まずはご自身の会社の制度を見直してみてください。**そのうえで、本当に生命保険／医療保険への加入が必要なのかを考えてみてください。

05 生活に必須でなければ、車を持たないこと

車は、我々の生活に本当に必要なものなのでしょうか。

電車が通っておらず、職場やスーパーにいくための手段が車しかないような場所に住んでいる場合には、致し方ないでしょう。

しかし都市部に住んでいるなら、その限りではありません。たとえば僕は、結婚してから東京と大阪にしか住んでいません。このふたつの都市は日本でもかなり公共交通網が発達している場所ですから、裏を返せば車を持つ意味が最も低い都市であるといえます。

車を持つとそれだけで大きな費用がかかります。車を持つ意味や車の所有にかかる費用を鑑《かんが》み、僕は車を持たないという選択をしたのです。

1 車にかかる費用を可視化してみよう

それでは、車を持たないことで一体どれくらいの費用が削減できたかを、実際に可視化してみましょう。

■車の本体価格

次の条件で買い替えをするとします。

- 買い替え期間は7年に1回（20年に3台）
- 新車の平均価格170万円
- 下取り価格6割（102万円）

この条件下だと、結婚してからの20年間で3台乗り換え、車体の代金は510万円かかります。一方で6割で下取りしてもらったとして、トータルの支払額は204万円となります。

■車検代

車検費用は車種や場所により変動しますが、10万円とします。新車で初回3年後、そのあとは2年ごとに受け、3回めの車検の前に車を乗り換えるとすると、20年間で6回車検を受けることになり、トータル費用は60万円となります。

■駐車場代

車を持つにあたり、継続的にかかるのが駐車場代です。僕の住んでいる郊外エリアでも、駐車場を借りると月額1万5000円かかります。すなわち駐車場代だけで年間18万円、20年間だと360万円かかる計算になります。

もちろん都心に近づけば近づくほど、この金額は上がっていきます（東京23区の平均は月額3万円超）。

■保険料、ガソリン代、税金、高速代

あわせて、次の金額がかかるとします。すると、合計で年間33万円、20年間で660万円が上乗せされます。

20年間でかかったであろう費用

車体代金	204万円
車検代	60万円
駐車場代	360万円
保険料	100万円
ガソリン代	240万円
税金	80万円
高速代など	240万円
合計	**1,284万円**

・保険料年額5万円
・ガソリン代月額1万円（＝年額12万円）
・税金年額4万円
・高速代、外出時の駐車料金など月額1万円（＝年額12万円）

これらをまとめると、上の表のようになります。20年間車を持たなかったことで、1284万円も削減できた計算になるのです。

2 結婚したから車を買うという固定観念を捨てよう

昔は「家庭を持つと車を持つもの」、「子どもができたら車があったほうがいい」というイメージを持っている人が多かった印象です。ですが、**それは無意識のうちに植えつけられていた固定観念なのかもしれません。**夫婦ふたりなら電車で出かければいいですし、子どもが小さければわざわざ車で遠出しなくとも、近場に出かけてもいいのです。

家族が夜中に高熱を出して病院に連れていかなければならないといった緊急時は、車があったほうがたしかに便利でしょう。しかし、数年に一度の緊急時のために車を保有する必要はありません。実際に長男が高熱で動けなかったときには、妻がカーシェアを利用して病院へ連れていきました。カーシェアは2時間で2000円弱でした。

このように**本当に車が必要なときは、タクシーやレンタカー、カーシェアリングを利用するだけで「車の所有にまつわる高額な維持費用」が一切かからなくなるのです。**
もしあなたが、なんとなく「結婚」や「子ども」、「緊急事態」を車の必要性と結びつけて考えていたなら、その考えを見直してみてはいかがでしょうか。

06 細かな無駄を削減しよう

さて、ここまでは家、保険、車といった大きい固定費の削減の話をしてきました。
ここからは、僕たちが意識をしてきた少し小さめの、しかし積み上がると大きい費用の削減のお話をします。

「千里の道も一歩から」といいますが、「1億円への道も1円から」です。ただ、これは**倹約を突き詰めてドケチになろうという意味ではありません。**

お金を使うべきタイミングでは、きちんと使えばいい。しかし**定期的に支出を見直し、不要な支出は徹底的に削減することで、筋肉質の家計体質にすることが、資産1億円の達成には必要不可欠なのです。**

僕たちがどのような支出を「無駄な支出」として削減したかを、ここで紹介していきます。

1 削減すべき無駄な支出

僕たちがまず優先的に減らすべきだと考えたのは、小さめの固定費である通信費と、変動費であるにも関わらず固定費のように継続的になっている支出です。変動費では日々のタバコやドリンク、食費などが該当しました。

■通信費

今の生活になくてはならないスマートフォン。２０２１年からようやく値下げがはじまってきましたが、それまでドコモ、ａｕ、ソフトバンクの通信大手３社は高額な利用料を設定していました。

値下げ前のスマホ代の平均は月額７０００円。利用ギガ数の多い人だと月額１万円を超していたのです。ひとり暮らしならそれでも大きなインパクトはなかったでしょうが、夫婦に両親、小学校高学年〜大学生の子どもたちもスマホを持ち出すと、もう大変です。

妻は通信費見直しアドバイザーとしてさまざまなご家庭を見てきていますが、お子さんのスマホをあわせると１か月に４万円以上払っていたご家庭が多かったそうです。

しかし、今の時代は格安ＳＩＭという選択肢があります。僕は当時からこの高い通信費をどうにかできないかと模索し続け、比較的早い２０１２年に格安ＳＩＭの利用という選択肢にたどり着きました。

実際に格安ＳＩＭを利用することで、ひとり月額７０００円だった僕たちの通信費はひとり１７００円となり、夫婦と上の子をあわせて３人で月額１万５０００円以上の削減、年間だと19万円の削減となり、２０１２年から２０２１年までの９年間で１７１万円の削減ができたのです。

また、スマホの契約の際に、次のような理由で無駄な支出をしているケースも散見されます。

・不要な月額課金サービスがつけられており、解約をしていない
・１ＧＢ／月未満の利用なのにギガ使い放題のプランを契約している
・電話をまったくしないのに、電話かけ放題プランをつけている

こういった状況になっていないか、ぜひ一度、**ご自身のスマホの契約プランを見直してみてください。**

ちなみに、日本の格安ＳＩＭ利用率はまだ20％くらいだそうです。裏を返せば、日本の家庭の80％で大幅な費用削減の余地が残されているということですね。

■タバコ

僕は結婚する前、タバコを1日1箱吸っていました。しかし結婚後、妻の妊娠を機にスッパリとやめたのです。

僕が吸っていた銘柄は当時２８０円でしたが、今や６００円。この値上がり具合に驚きです。もしあのまま20年間吸い続けていたら、家計も、そして僕の肺も大変なことになっていたでしょう。

この20年間のタバコの平均価格を1箱400円として、1日1箱吸っていたとすると、1か月で1万2000円かかりますから、1年間に14万4000円、20年間で288万円も費やしていたこととなります。

これだけの費用を削減でき、健康にもなれたので、この禁煙はかなりよい効果がありました。

■ドリンク

ドリンクや食事は誰もが必ず必要とする費用です。僕はこの支出にも「無駄がある」としてメスを入れました。

僕は仕事中に1日何本もコーヒーやペットボトルを買って飲んでいました。よくデスクの上に空になった缶やペットボトルをずらっと並べている人、いますよね。まさにあの状態だったのです。

毎朝、コーヒーを買ってデスクにつき、10時に1本追加、ランチが終わったあとに

1本追加、そして15時に1本追加。それがルーチンになっており、何の疑問も持たずに日々繰り返していました。

しかし、家計簿をつけて見直していると「この部分って削れるんじゃないか？」と見えてくるもの。そして実際にトライアルとして麦茶パックを購入して給湯室で入れてみましたが、まったく何の支障もなく移行できたのです。

麦茶パックは250円で50パックくらい入っているので、1パック5円。朝イチに給湯室で大きめの容器で2リットルほど作っておけば、余裕で1日もちます。

こうして1か月に20日間、毎日500円ずつ会社で買って飲んでいたドリンクを麦茶にしたことで、1か月に1万円の削減、すなわち1年間に12万円に。その会社にいた15年間で180万円の削減となりました。

一度こういう経験をすると、日々の何気ない支出の積み重ねが大きいと感じるもの。

火い、貸してくれない？
あ、ぼくタバコやめたんで…
ハァ〜眠いわ〜
グビグビ
トクトク
やってるなー。
ジャラ
来い来い来い！
ジャラ
PACHINKO
毎月なんか金足りなくなるんだよな〜
なんでだろ？
なんで、ですかね…

僕はかつての自分と同じように会社のデスクに空のペットボトルを何本も並べている人を見て、「この人はあと何年で〇〇万円くらい使うんだろうな」、「みんなが飲んでいるペットボトルがお金に見える」と感じていました。

この話では、ペットボトルを麦茶に変えたことで特に何かを我慢したわけではありません。このように**「いかに自然に、ストレスなく費用を抑えられるか」が、将来のFIREの基盤となるのです。**

■ランチ

さらに僕は、「プライベートの友人との食事の時間は大切にしたいが、仕事時の昼休みのランチは別に経費削減しても問題ないんじゃないか」と考え、お弁当を持っていくことにしました。

当時僕は日本橋で働いていましたが、社員食堂はなく、昼食は毎日会社の外に食べにいく必要がありました。日本橋近辺だとランチは大体1000円ほど。一方、お弁当はお弁当箱の半分に白米を、もう半分にスーパーで安く仕入れた冷凍食品や前日の残り物を上手く使って妻が毎日作ってくれたため、1回のお弁当にかかる費用が100円程度。1日あたり900円のランチ代削減になりました。

このお弁当は食べる直前に給湯室のレンジで温められましたから、ドリンクを変えたときと同様に、特にストレスは感じませんでした。

1か月20日として月額1万8000円、1年間に21万6000円。お弁当生活が10年ほどでしたから、この期間で216万円削減できたといえるでしょう。

■趣味

僕は趣味の競馬をもう20年以上続けていますが、結婚する前は1部500円の競馬新聞を土日両日で購入していました。しかし、新聞を買ったとしてもそこまで的中率が上がっていると感じなかったため、情報をインターネットから取得して予想するスタイルに変更できないかと考え、実行してみたのです。

その結果、特に問題がないと感じたため、スッパリと競馬新聞を買うのをやめ、1週間100円、すなわち1年間（52週間）で5万2000円、20年間で104万円の削減となりました。

2 ストレスなく支出を減らそう

さて、ここまでさまざまな支出を減らしてきた経緯をお話ししてきました。

もし僕がこの20年間、日本人の平均くらい保険をかけていて、車を持ち、何も考えずに15～20万円の家賃の部屋に住んでいたら？　さらに格安SIMも使わず、タバコもやめず、ペットボトルを買い続け、毎日定食屋でランチを食べ、毎週競馬新聞を買っていたら？　こう考えるだけで恐ろしいです。それでは、そんな生活と比較して、この20年でどれだけの金額を削減できたのかを計算してみましょう。

なんと先ほどの数字を合計するだけでも、**20年間で4192万円となり、非常に大**

20年間で削減できた額

保険	740万円
車	1,248万円
家賃	1,312万円 （東京在住時の差額のみ合計）
スマホ	104万円
タバコ	288万円
ドリンク	180万円
ランチ	216万円
競馬新聞	104万円
合計	**4,192万円**

きな削減が実現できていたのです。ちょっと信じられないくらいの額です。

このように、家計を見て「あれ、ちょっと支出が多いかな？」という部分にメスを入れることはものすごく大切です。見直しはたった1回のアクションかもしれませんが、**5年、10年、15年という長いスパンで見ると大きなインパクトを生み出すのです。**

お金を貯めるには魔法のような方法があるわけではなく、こうしたアクションをコツコツと**長い期間積み上げるしか方法はありません。そしてこのア**

クションを長期間続けるためには、「できるだけ我慢をしないこと、ストレスを感じないことから削減に着手すること」が重要です。

また、思い立ったらなるべく早く見直しをはじめてください。**時間を味方につけることで、削減効果が大きくなり、より多くの資産を形成することができるのです。**

07 家計簿で収支を見える化しよう

今までこの章で見てきていただいたとおり、お金を貯めるためには、家計の収入／支出の全体像を把握しなければなりません。

では、あなたは自分が1か月もしくは1年でどれくらいお金を使っているか把握しているでしょうか。僕の体感では、「年間の食費は？　保険料は？　子どもの学費は？」と聞いたとき、全然わからない人や、気にしたこともない人が半分くらいいます。

それらを把握するためには、家計簿をつける必要があります。しかし「家計簿をつけるのが大事」だと聞いて、**「よし、家計簿をつけよう！」と心に決めても、多くの人がなかなか続けられずに挫折してしまうのです。**

挫折する理由には大きく分けて、次のふたつがあります。

・分類を細かくつけすぎること
・1円のズレも許せない完璧主義におちいること

1 分類を細かくつけすぎないようにしよう

多くの人が家計簿を続けられない理由のひとつめは、いきなり細かく分類しすぎること。たとえば食費を「肉、野菜、魚」のようにするイメージです。

ただでさえ慣れるまで苦労する家計簿で、**そこまで細かくつけようとしたら、それはもう挫折へまっしぐらです。**今まで家計簿をつけたことがない人がそんなことをやろうとしても無理があります。

しかも食材の種類の区別などは、家計改善にはほとんど意味がありません。栄養士になるために家計簿をつけているわけではありませんから、「食材の種類」ではなく、「何のために使ったか」を見る必要があります。

たとえば、寺澤家の家計簿の食費に関する項目は次のとおりです。

- 食材費（家で料理するための食材）
- 夫外食（僕ひとりでの外食）
- 妻外食（妻ひとりでの外食）
- 家族外食（家族での外食）
- お茶菓子（お菓子全般）

この分類には「外食代を減らしたい」、「そのために誰のどんな外食が多いのか把握したい」、「お菓子代を減らしたい」という意思が込められています。

このように、家計簿をつけるときは、知りたいこと／減らしたい項目に基づいた視点から支出をおおまかに把握することが大事なのです。

2 1円のズレも許せない完璧主義におちいってはいけない

多くの人が家計簿で挫折する理由のふたつめは、1円のズレも許さない完璧主義です。

家計簿の金額をきっちり合わせたいという気持ちはわかります。しかし、我々の家計簿は銀行みたいに1円ずれてもオオゴトにはなりません。ただ食費などいろいろな項目で、1か月にだいたい何円くらい使っているかを把握できればいいだけなのです。

食費が10万円でも9万9000円でも、支出の概要を把握するうえでは大きな違いはありません。ですから数字が合うに越したことはありませんが、たとえ合わなかったとしても、もっとおおらかにとらえれば長続きするのではないかと思います。

そんなことを言っている僕自身も、家計簿をつけだした当初は1円のズレの理由を2時間考えてしまうくらいの完璧主義でした。今はその行為に意味がないことを理解したので、**そのズレはさっさと微調整として処理してしまい、大切な時間を有効活用できるようになりました。**

3 家計簿の本来の意味を見つめ直そう

あまり細かいことに時間を使うのは無駄だとわかっていても、ついつい些細なところに目がいってしまう人は、**まずは家計簿を何のためにつけるのかをしっかりと理解しましょう。**ここを理解していないと、家計簿をつけること自体が目的となり、本末転倒になってしまいます。

家計簿はこれまでに自分が使ったお金をきちんと振り返り、改善ポイントを把握するためのものです。ですから家計簿を入力しただけで終わらず、必ずその月に使ったお金を見直してみてください。

食費と同様に、光熱費／通信費／交際費といったように、まずは全体としてどういう項目で支出が構成されているか分類していくと、振り返りがしやすくなります。

寺澤家ではエクセルで作成した独自の家計簿を利用していますが、最近だとアプリを利用することで、当月の項目別利用額や銀行残高、証券保有額を一元的に集約して見える化できます。自分に合ったやり方で、当月のお金の出入りを自分できちんと把握してみてください。

FIRE仲間コラム 11

ぱすたおさん

ぱすたおさんは31歳で資産5000万円を築き、サイドFIREを実現。今はマネー系YouTuberとして、資産形成術やFIREに役立つ情報を発信されています。

と、順風満帆なように見えますが、ぱすたおさんは1社目の会社を1年6か月で辞めて、半年間ヒモニートを経験。「当時は苦しくて必死だったが、今となってはすべていい経験だった」とおっしゃっています。

そこからの脱却時に心がけたことは「節約して支出を減らし、副業し、投資をすること」。それをすべて満点ではなくとも、平均点レベルにこなすことでこの若さでのFIREに至ったそうです。その中でも、支出を減らすというのはこの項目でご紹介したとおり、もっともコントロールしやすいですね。

短期的には少しの金額でも、長い目で見れば資産形成に大きな貢献をしてくれるもの。あなたも今から支出を減らし、投資に回すことでFIREがさらに一歩近づいてくるはずです。

ぱすたおさんはFIRE後も引き続きお金について発信をしたり、FIRE CAFEというオンラインサロンを開いたりしています。ぜひ一度ご覧になってください！

X	Instagram	YouTube	オンラインサロン
@himoneeeeet	@pastao_fire	ぱすたお家の FIREセミリタイア戦略ch	FIRE CAFE

FIRE仲間コラム12

りゅうさん

りゅうさんは、僕の高校・大学の同級生。財閥系商社に勤務しつつ、高配当日本株・米国株インデックス・短期トレードなどで資産運用をおこない、40代前半で資産1億円を達成。2020年に退職してFIREの道へと進みました。

しかし、そんなりゅうさんも昔はかなり散財しており、2011年までは資産がなかったのです。

では、彼の人生の転機は何だったのか。

それは2011年12月、僕と彼がふたりで食事をしていたときのこと。

「寺澤は資産運用やってるの？」

「株はイマイチやけど、節約してお金を貯めて資産3000万円が見えてきた」

「えっ……」

当時、彼より年収が低い僕が大きな資産形成をしている一方で、彼の資産はゼロ。彼はこれに大きな衝撃を受け、その日を境に心機一転。本書に記載した支出の最適化を9年間地道に実行し続け、今日のFIREに至ったのです。

10年以上前にこの会話をしたふたりがほぼ同時期にFIREをしているなんて、運命的だと思いませんか。これからもいい友人として、末永く一緒に語り合っていきたいと思います。

りゅうさんのXはこちらです。お気軽にフォローしてください！

X

@ryu_breakfree

資産構築手法 3

お金を運用する

支出の項で「資産形成には魔法のような手法はなく、コツコツと長い時間かけて積み重ねていくしかない」とお話しました。これは支出だけに限らず、投資においても同じです。ですから、FIREに向けて、今すぐにでも投資をはじめてください。

ところがこういうと、「投資は難しいんじゃないか」、「損をするのが怖い」といって結局投資を開始しない方が多数いらっしゃいます。こうした方たちは、稼いだお金を銀行に積み上げていきます。しかし、いくら銀行に貯金をしていても資産は増えないのです。

01 銀行預金ではお金が増えない

1980年代後半～1990年ごろは、銀行の定期預金の金利は6～8％。普通預金でも平均金利は2％を超えていたため、「利子で食べていける」といわれていました。しかしそういった時代はバブルの崩壊とともに終わっています。

日本人がよく勘違いしている銀行神話はこのころの名残だと思われますが、デフレが続き、長いこと銀行の金利は年利0・001％程度でした。これは100万円を1年間銀行に預けたときの利子が10円になるという数字です。

せっかく貯めた100万円から、1年に10円しか生み出さないようなところにお金を預けている意味はまったくありません。投資を上手く活用し、そのような状況から早く抜け出してください。

実際、国もＮＩＳＡやｉＤｅＣｏという制度で投資による資産形成を後押ししています。若いうちから投資をして、自分たちで資産を大きく増やしてくれというのが日本政府の願いでもあるのです。

「そんなこというけど、投資って儲かるの？」と思っている人もいるでしょう。ちなみに10年前にさまざまな株や商品に１００万円を投資した場合、いくらになっているかを表した数字がこちらです。

・銀行預金：１００・1万円
・金（ゴールド）：２５９万円
・投資信託（全世界株式）：２７１万円
・アマゾン株：１０００万円
・テスラ株：1億１００万円
（２０２３年12月時点）

これを見ると、**銀行にお金を預けていてもお金はほとんど増えないということ、そして投資をすると資産はこれだけ増える可能性がある、ということがわかっていただけるかと思います。**また、分配金や配当金を再投資すると、さらに資産増加速度が上がります。

02 再投資をすると複利効果が得られる

さて、どうして分配金や配当金を再投資すると、より早くお金が増えるのでしょうか。それは**複利の効果を得られるからです。**

複利というのは、「運用で得た収益を当初の元本にプラスして再び投資することで得られる収益」のことです。こうすることで、利益が利益を生み出して、お金がどんど

複利のイメージ図（年利5％）

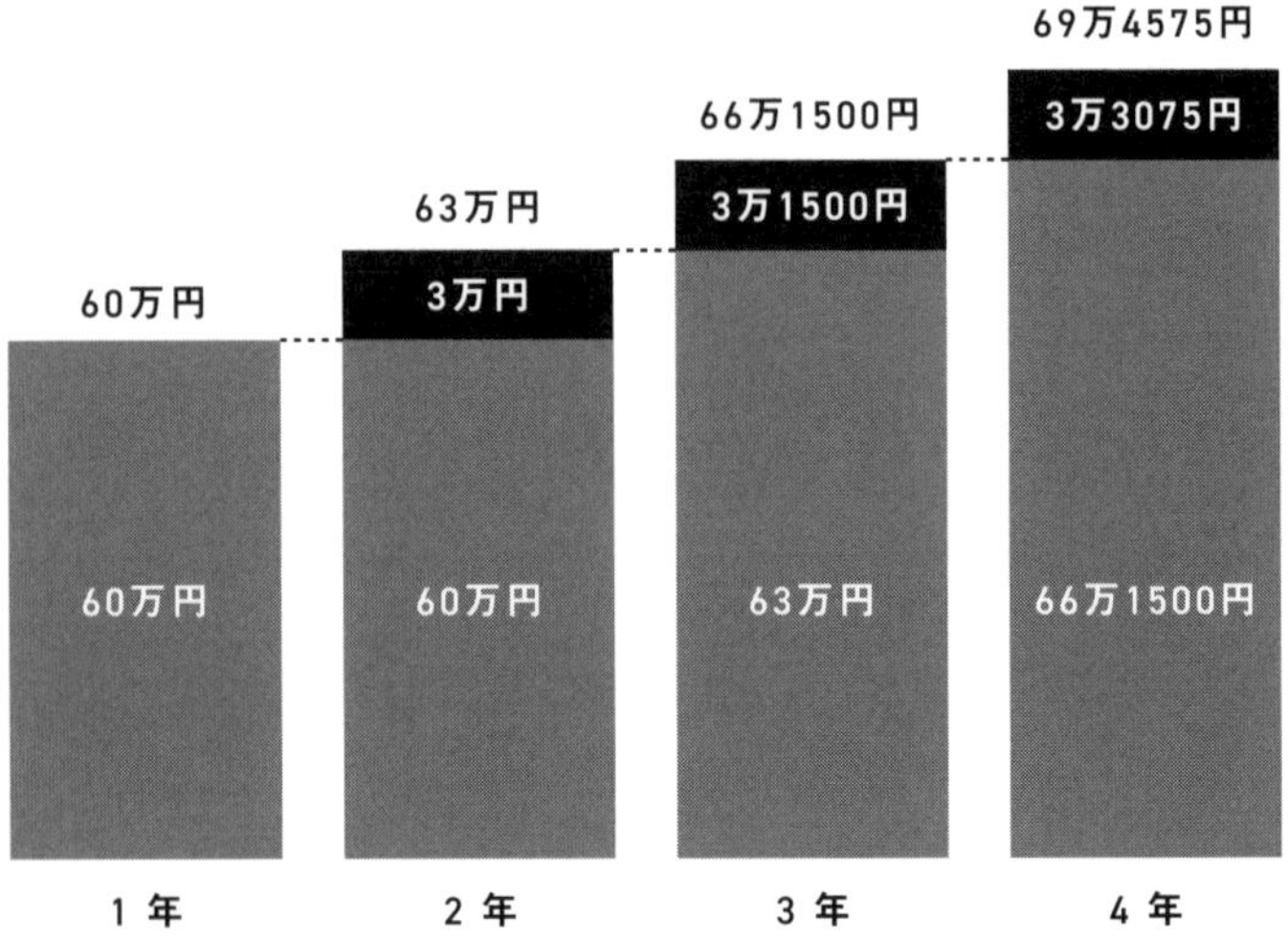

現金貯金と複利効果の比較

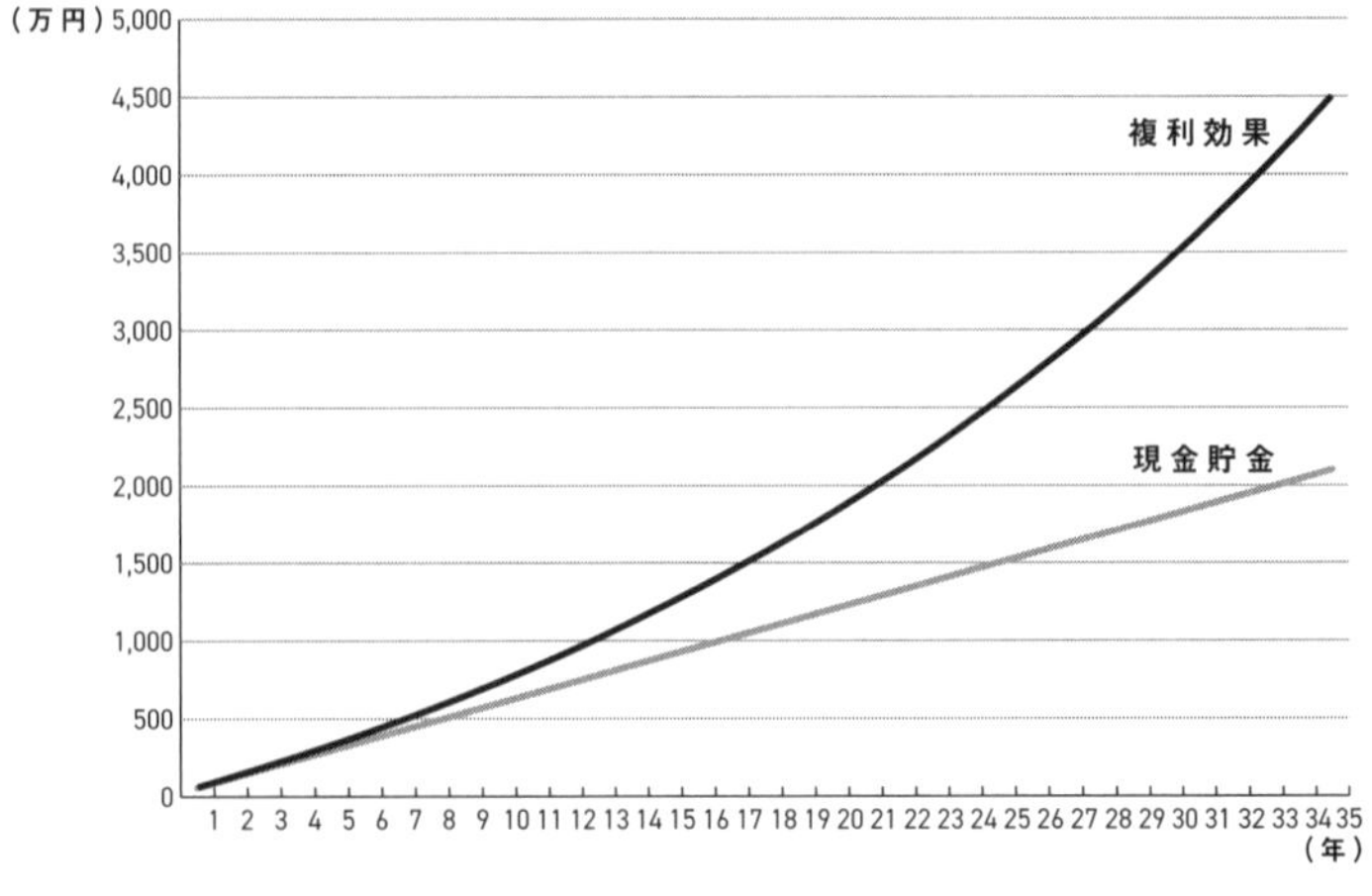

ん膨らんでいくのです。

たとえばP２０６の上の図を見てください。60万円を年利５％で運用すると、１年後に３万円増えます。２年目は増えた３万円をそのまま60万円に足して、63万円を再投資します。すると次の年には63万円の５％（３万１５００円）が上乗せされることになりますから、３年目には66万１５００円が元手になります。

このように、**毎年再投資して大きくなった元本に利率をかけることで得られる利益が複利なのです。この複利は、あの相対性理論を提唱したアインシュタインが「複利は人類による最大の発明である」と語ったくらい、大きな効果があります。**

ここで、毎月５万円を30年間貯金をしたケースと、毎月５万円を投資して年利５％で複利運用したケースで比較してみましょう。

・毎月５万円ずつ貯金：次の計算式のとおり１８００万円貯まります。
［月５万円×12か月×30年＝１８００万円］
・年利５％で複利運用：計算は複雑なので金融庁の資産運用シミュレーションサイ

トなどで算出すると、30年後に４１６１万円となります。

毎月５万円を貯金だけしていたら30年間で１８００万円にしかなりませんが、５万円を毎月投資して年平均５％で運用できたとしたら、30年後には４１６１万円、なんと2倍以上になるのです。

元本が大きくなればなるほど複利の効果が高くなっていくので、後半のほうが伸びが大きくなっていきます（Ｐ２０６下図）。つまり、投資は長く続ければ続けるほど、複利効果の恩恵を受けられるということになります。

毎月5万円ずつ貯金するのを30年続けると、1800万円貯まる
月5万円×30年=1800万円
これを年利5%で複利計算すると4161万円!
想定利回り年率5%
4161万円
その差なんと、2361万円!元本より多い!
仮に年利3%だとしても30年で2913万円!
年率3%
2913万円
1000万円以上の差額!これが複利の力
アインシュタインも「複利は人類最大の発明」と言ったとかなんとか!
言ったっけ?

03 FIRE達成者たちの投資

僕のまわりには投資で大きく資産を増やした、FIRE達成済みの友だちがたくさんいます。彼らと投資の話をすることがよくありますが、みな口をそろえて「とにかく本業＋副業で収入を大きくし、支出を減らすことで手もとに残る現金を最大化。そしてそのお金の大半を投資した」というのです。

先ほどまで述べてきた「収入を増やす」、「支出を減らす」という行動は、すべてこの投資の入金力を上げるためにほかなりません。

くわえて彼らは、「私たちは投資の知識はあるけどプロじゃないから、相場に張りついていられない。だからドルコスト平均法でeMAXIS Slim S＆P500やeMAXIS Slim

全世界株式などの投資信託をコツコツと長期投資で買い続けてただけだよ」と言います。何も難しいことをしていたわけではなく、ただ**長期投資でひとつの投資信託を買い続けていただけ**。**誰にでもできる、再現性が高い手法を選んでいた**のです。

04 ドルコスト平均法とは

ドルコスト平均法とは、投資信託などの価格が変動する金融商品を、一定の金額で定期的に買い続ける手法のことです。**「毎月1回、決まった日に5万円投資する」というイメージです。**

この手法をとると、価格が下がったときの購入口数は多くなり、価格が上がったときの購入口数は少なくなります。結果として、価格が下がったときにたくさん買うため平均単価が下がりますから、たとえ株価が下がったとしても将来有利に働きます。

このように**「金融商品は価格が下がる可能性がある」というリスクを逆手にとって、長期的なメリットに変えることができるのが、ドルコスト平均法の素晴らしいところです。**ですから一時的な利益や損失に左右されたりせず、長い期間で少しずつ株や投資信託を買い増していくことがポイントとなるのです。

最近では証券会社の仕組みを利用して、「ある投資信託を、決まったタイミングで一定額ずつ継続購入する」という設定ができますから、**証券会社の口座さえあれば誰でも簡単にドルコスト平均法をはじめることができます。**

本書を読んでいる方でまだ投資をはじめていない方は、すぐに準備にとりかかってください。早くはじめればはじめるほど、効果が高くなります。

こうして、次のことを愚直に実行していくことで、ＦＩＲＥに確実に近づいていきます。

・本業＋副業で収入を増やし、あわせて支出を減らすことで入金力を増やす
・eMAXIS Slim のＳ＆Ｐ５００や全世界株式などの投資信託を買う
・ドルコスト平均法を用いて、決まったタイミングで一定額ずつ継続購入する
・長期間にわたって投資をし続けることで、複利の恩恵を最大化する

僕は前述のとおり、投資の知識をつけるのが遅れ、アベノミクスの株高に乗れずに悔しい思いをした側ですから、本書を読んでいるあなたには、ぜひ投資で大きな結果を残していただきたいと強く思います。

05 ＮＩＳＡとｉＤｅＣｏをフル活用する

国が用意してくれているＮＩＳＡとｉＤｅＣｏのふたつの税制優遇もフルに活用していきましょう。僕はｉＤｅＣｏで積み立てをしながら、ＮＩＳＡ枠も個別投資で

利用しています。これらの制度を詳しく説明すると本1冊分になってしまうので、ごく簡単に触れておきます。

■ＮＩＳＡ

通常、株式や投資信託などの金融商品に投資をした場合、これらを売却して得た利益や受け取った配当に対して約20％の税金がかかります。

一方ＮＩＳＡは、国が認めている非課税口座内で、毎年一定金額の範囲内で購入した金融商品から得られる利益に税金がかからなくなる制度です。

年間360万円まで投資でき、生涯1800万円までの非課税枠が利用できる仕組みですから、僕は最短の5年間で非課税枠を埋めていく予定です。

なお金融庁の2022年の8月のレポートによると、日本人でＮＩＳＡ口座を利用しているのは、まだ16％程度。これだけのメリットがある制度を国民のほとんどが利用していないのはもったいないかぎり。もっと投資が世の中に広まってほしいと切に願います。

■ｉＤｅＣｏ

ｉＤｅＣｏとは、個人型確定拠出年金のことで、将来に向けて毎月掛け金を出して積み立て、自分で年金を作る制度のことです。ｉＤｅＣｏも通常の金融商品にかかる運用益が非課税となりますが、次の点がＮＩＳＡと違っています。

1. 掛け金が全額所得控除の対象となり節税効果が得られる
2. 資産受取時、退職所得控除や公的年金など控除の対象となる
3. 60歳までの間の運用益がすべて非課税となる
4. ただし、原則60歳まで資金を引き出すことができない

ｉＤｅＣｏでは掛け金が所得控除の対象になるため、住民税や所得税も下がります。そのためＮＩＳＡと比べて節税効果が高いのですが、原則60歳まで資金を引き出すこ

とができないのがデメリットです。

現在お金に余裕がある方は問題ないですが、そうでない場合はお金が必要なときに引き出せないため、NISAを優先するほうがいいですね。

iDeCoは自営業者か会社員／公務員か被扶養者かで掛けられる金額が変わってきます。今までは会社員だったので月額5万5000円の拠出でしたが、FIREして第1号被保険者となることで月額6万8000円まで拠出することが可能となりました。

こちらは税制上非常に有利ですので、僕は全額利用しています。ちなみにiDeCoも米国株式にて運用しています。

06 IPO株の申し込み

前記のような積み立て投資に加えて、僕がもうひとつやっている投資があります。それがIPO株への申し込みです。

IPOとは、「Initial Public Offering」の頭文字の略で、未上場企業が新規に証券取引所に上場し、一般の投資家に向けて株式を売り出すことをいいます。

新規上場時の公募価格は、多くの場合は割安に設定されるため、上場後は値が上がりやすくなるので、公募価格でIPO株を購入し、上場後すぐに初値で売却すれば、高い確率で利益を上げることができます。

僕たちのような一般人が公募価格でＩＰＯ株を購入するためには、証券会社がおこなっている抽選に申し込みをする必要があります。この抽選は無料で申し込みできるので、**当たれば数万〜数十万円のプラスになる確率が高く、外れても何の損失もないという、「参加しないと損」という仕組みになっています。**もちろん投資に絶対はなく、当たって購入してマイナスになる可能性もありますが、ここ数年は平均80％以上の銘柄で初値が上昇しています。購入時にお金がかからない宝くじのようなイメージですね。

僕たちは夫婦で申し込んでいますが、次ページの表のとおり**ＦＩＲＥまでの８年間で４００万円ほどの純利益がでています。**そう簡単には当たりませんが、やっておいて損はない投資といえるでしょう。

	年	企業名	純利益（円）
1	2014	セレス	103,000
2	2015	モバイルファクトリー	130,000
3		イトクロ	16,000
4	2016	ヒロセ通商	0
5		エボラブルアジア	73,000
6		デュアルタップ	141,000
7		シンクロフード	87,000
8		JMC（2口座）	172,000
9		イントラスト	22,000
10	2017	マネーフォワード	145,000
11	2018	RPAホールディングス	1,071,000
12		エヌリンクス	197,000
13		ラクスル	14,500
14		国際紙パルプ商事	10,000
15	2019	ミンカブ（2口座）	70,000
16		あさくま	58,400
17	2020	グラフィコ	547,000
18		まぐまぐ	259,000
19		クリーマ	128,000
20	2021	QDレーザ	45,700
21		ペルセウス	13,500
22		アイパートナーズ	676,000
合計			3,979,100

FIRE仲間コラム13

けんさん（田邊健一さん）

けんさんは、元公務員のFIRE友だち。「公務員で副業できないのにFIREなんて、どうやったの?」と聞いたところ、彼は2010年から愚直にコツコツとインデックス投資をしていたそうです。

彼は勝間和代さんの著書『お金は銀行に預けるな』を読み、

・銀行に置いておいてもお金は増えない

・ドルコスト平均法で続ければ投資リスクは小さく、お金は増える

と書いてあるのを信じて投資をはじめたそうです。

けんさんはそのチャンスを上手くつかみ、40代でFIREし、家族でオランダに移住されます。

けんさんがそうであったように、きっかけはどこにでも転がっています。本書を読んで「投資をしてみようかな」と思ってもらえる人が何人かいるだけでも、僕は幸せです。

けんさんはお金の面や生きがいの面で、「現状を変えたい」という方をファイナンシャルプランナー／起業コンサルタントとしてサポートされています。次のQRコードからXのフォローやLINE公式に登録してみてください!

LINE公式	X
けん／ライフデザイナー	@ken1_biz

第 5 章

家庭を持つ人のFIREに必要なこと

これまでは収入を増やす、支出を減らす、お金を増やすといったことについてお話してきました。

これらは独身の人も家庭を持つ人も、取り組む内容自体は変わりませんが、自分の好きなようにお金をコントロールできないという点では、家庭を持つ人のほうが実行は難しいかと思います。

そこでこの章では、僕のように家庭を持つ人がFIREを目指すにあたり、気をつけるポイントについてお話します。

01 FIREの実現には、パートナーの協力が不可欠

家庭を持っている方とお話すると、「FIREしたいけど、妻（夫）が許してくれないんですよね」というような声をよく聞きます。しかしこれだけで「FIRE実現の障壁はパートナーの反対だ」と決めつけるのは早計です。

問題はパートナーの反対ではなく、「夫婦でFIREや貯蓄にまつわる目標やビジョンの共有ができていない」ということなのです。

家庭を持ちつつFIREをしたい人が押さえるべきポイントは、次のふたつです。

- 夫婦の合意のもと計画する
- 夫婦でお金を管理する

家庭を持つ人の場合、**家族全員がＦＩＲＥの影響を受けることになるわけですから、どちらかが許すというのではなく、全員でお金を管理し、全員で力をあわせて目指すものなのです。**

1 夫婦の合意のもとで計画する

これまで述べてきた考え方に基づいて資産1億円を達成したとしても、ＦＩＲＥを実現するには綿密な計画と相当の決心が必要です。

独身であれば、自分の決断次第で何とでもなりますが、パートナーがいる場合、家庭の資産が1億円に到達したからといって、自分だけが勝手にＦＩＲＥするわけにはいきません。

妻が夫の計画内容をまったく理解しておらず、夫と同じレベルでの決心がない状態で、いきなり「1億円貯まったから会社辞めるわ」と言われたら、それは「え？　ちょっと待って。何考えてるの？」と反対したくもなるでしょう。

きっと、パートナーに黙ってこういう計画を進めてしまう側も、「相手が反対するだろう」というのは感じているのでしょう。ですが、反対されるだろうからといってパートナーに何の相談もせずに計画を進めても、逆にその計画は実現できない可能性が高くなってしまいます。

ですから、**きちんと「いつまでにいくら貯めよう、一緒にＦＩＲＥを目指そう」ということを家族会議で提言してみてください。**

「人生、楽しめるものなら、若いうちから家族一緒に楽しんだほうがよっぽどいい」
「定年まで会社で働き、老後にようやく自分の人生を楽しむという固定観念に縛られなくてもいい」

この案にはきっとパートナーも同意してくれるはずです。そしてそれを実現するために、**夫婦バラバラではなく、二人三脚で家計に向き合い、お金を貯めていくのです。**

実は僕も、20代のころから「ねえ、1億円貯めたら会社辞めてもいい？」とよく妻に言っていましたが、そのたびに「何言ってんの？　1億じゃダメ」と言われ続けてきました。

ただ、妻は「1億円ごときで会社を辞めるな、定年まで働き続けろ」という主旨で言っていたのではありません。そのあとに妻は**「将来のプランニングをすることなく、1億円という数字だけを見て盲目的に安定的な収入を断つということのリスクに気づいてほしい」**と続けていました。

たしかに今振り返ると、20代で1億円の貯蓄では全然足りなかったですね。「夫婦で一緒に先を見通して、確信をもって会社を辞める」ということの大切さにハッと気づかされた出来事でした。このようにして、夫婦で一緒にお金のことを話し合えたからこそ、今があるのだと感じます。

実際、44歳で1億1000万円貯めたあと、僕が妻に「会社辞めようと思うんだけど」と相談したときは、「辞めたあと何もしないんじゃなくて、好きなことでお金を得ながら生きていくんだよね？　それなら大賛成だよ」と、すぐに理解をしてもらえました。

相手に疑念やしこりを残したままFIREしても、そこに幸せはありません。パートナーから見た不安点などを正直に話し合い、どのように考えて相手のFIREを認めることにしたのか、お互い納得のうえで行動に移すことが大切なのです。

FIREを目指している人は、今の段階からパートナーを巻き込んで計画をはじめてください。

1億円貯めたら会社辞めていい？
え？ダメだよ
ええ〜
1億円あれば大丈夫でしょ！
将来のプランニングができていればいいけど
1億円って数字だけ見てるならダメってこと
もっと長期的に考えないとなぁ
30年後
20年後
10年後

2 夫婦で一緒にお金を管理する

夫婦で将来の経済的不安を解消する一番の方法は、今後数年〜数十年にわたる収入と支出をある程度見える化し、**「今FIREしたとしても、いくらの収入を得て、支出をいくらまでにすれば心配することなく生きていけるのか」を夫婦そろって理解することです。**

ところがお金に関しては、多くの夫婦がきちんと話をできていません。それどころか、夫婦独立採算制でそれぞれが生活費を共同口座に振り込むものの、お互いいくら貯金があるか、まったく把握できていない夫婦すらいるのです。

資産を着実に積み上げていくためにも、ここで本来あるべき夫婦の家計管理の仕方を考えていきましょう。

■お金は夫婦どちらか一方が管理してはいけない

結婚した夫婦が最初に向き合わないといけないお金の問題、それは「どちらがお金を管理するか」ということです。

「うちは妻が小遣い増やしてくれないんだよなー」
「うちの夫は数字得意だから、お金の管理は全部任せてるの」
こんなセリフ、よく聞きますよね。

まわりの人に実際に聞いてみてください。妻が財布の紐をガッチリと握っている家庭もあれば、夫が家計をチェックしている家庭もあるでしょう。

では夫と妻、どちらが家計を管理するべきだと思いますか?
僕は、**「どちらも」そして「一緒に」管理すべきだと考えています。**

そもそもお金はその家庭のものなのに、「どちらかが管理している」という状況はおかしいと思いませんか。**人間というのは、自分の役割ではなくなった瞬間、興味がなくなってしまうもの。そうなると、しだいに夫婦関係がおかしくなってくるのです。**

■家計管理に偏りがあると、夫婦関係がおかしくなってくる

家計を任された側は、責任を持って家計を管理しようとします。その結果、妻が夫のお小遣いを減らしたり、夫の同僚との飲み会に目くじらを立てたりするのです。

一方、家計を任せている側は、お金が貯まらない場合に「お前のやりくりが下手だからだ」と、普段どんなやりくりをしているか知らないクセに、上から目線で責《せ》めたてたりするのです。

そんなことが家庭内で続いたら、どうなるでしょうか？

おそらく夫は飲み会にいくことを隠し、妻はお金があまり貯まっていない事実を隠すでしょう。そうしていつの間にか、お互いがお金について隠し事をするようになるのです。

このスパイラルに入ってしまうと、抜け出したくてもなかなか抜け出すことができませんし、そんな状態では絶対にお金は貯まりません。

では、そこから抜け出すためにはどうすればいいのでしょうか。

繰り返しになりますが、その解決策が、**「どちらか一方」ではなく、「夫婦がどちらも家計に関心を持ち、話し合おう」ということなのです。**

もちろん夫婦で「頑張ってお金貯めようね！」というだけでお金が貯まるわけではありません。寺澤家でも結婚してからの20年間、家のこと、車のこと、保険のこと、そして教育費や生活費のことなど、ふたりで意識してお金に関していろいろなことを議論し、実践してきた結果が今につながっています。

夫婦でお互いが家庭のお金に関心を持つこと。これこそが家族で資産1億円を貯め、FIREするための第一歩なのです。

02 夫婦でのお金への向き合い方

ここまで、夫婦でお金に向き合うことの大切さについて述べてきました。特に節約の初期段階では、夫婦で意見をあわせながら、家賃などの大きな支出をいかに削減するかというのが非常に重要なのです。

ある夫婦は「そうか、なるほど！」とすぐに行動に移せるかもしれませんが、別の夫婦は「お金を貯めるためとはいえ、狭い家に住むのはイヤだ！」と感じられるかもしれません。「お金はかかるかもしれないけど、最低年1回は家族で旅行にいきたい！」というご家族もあるでしょう。

このように、ただ節約してお金を貯めるだけではなく、**家族みんなで人生の幸せを追求しながらお金を貯めていく必要がある、というのが家庭を持つ人のＦＩＲＥへの道のりです。**

ですから支出の減らし方に画一的な答えはなく、それぞれの家庭の状況や嗜好によって適切な解は大きく変わってきます。とはいえ限られた収入の中で、やりたいことすべてに手をつけるわけにもいきません。だからこそ**「幸せな人生を送るために家族で何をしたいか」の優先順位を決めないといけないのです。**

1 夫婦で何が幸せかを見極めることの大切さ

僕と妻は、いろいろな人とお金についてお話する機会があります。そこで感じるのは、「夢も何もなく、ただ節約してお金を貯めましょう」というのは無理があるということです。

どのような家庭でも、はじめはまず１００万円の貯蓄を目標にし、それが実現できたなら、段階的にその先の５００万円、１０００万円の貯蓄を目標にしていくことになります。その際、何も嗜好品を買わず、毎日水と納豆ご飯だけで暮らすような極端な節約生活をすれば、当然お金が貯まるスピードは上がることでしょう。

しかし、「それで幸せですか。何のためにお金を貯めているのですか」と聞くと、誰もが顔を曇らせます。

我々は、人生を有意義なものにするためにお金を貯めているはずです。何も購入することなく、我慢に我慢を重ねて生活を切り詰めることでお金を貯め、資産1億円を達成し、今度はそのお金をできるだけ減らさないようにまた節約生活をする。こんなにつまらない話はありません。

とはいえ、好きなようにお金を使っていては貯まりませんし、子どもの進学など、必要なときにお金を出せるような状況を構築しておくことも大切なことです。

この「生活を豊かにしたい、でもお金を貯めたい」というふたつをある程度同時に**満たすために必要なのが、「何のためにお金を貯めるのか」という家族の夢や目標であり、それを実現するためのマネープラン／ライフプランなのです。**

2 夫婦でもお金の感覚はまったく違う

夫婦でも、夫と妻とではお金に対する感覚がまったく違うものです。旅行をしたいとか、モノが欲しいなど、夫婦であろうと人それぞれですから、何にお金を使いたいかの好みが違っても仕方ありません。そこを理解しないまま相手のお金の使い方に干渉しあっても、何もいいことがありません。

ですから、お互いが何のためにどれくらいお金を使いたいのかを共通認識として持っておき、夫婦でその実現に向けて力をあわせるのがベストです。

そしてある程度決められた範囲内で、お互いが自分の好きなようにお金を使えるようにすることが、家族で円満に生活を送っていくためのポイントなのです。

3 何をしたいのか、それには どれくらいのお金が必要なのか

■何をしたいかを洗い出そう

まず夫婦で将来何がしたいのか、何が欲しいのか、などをしっかりと話し合ってみましょう。たとえば次のようなことでしょうか。

- 家族で旅行に行きたい（頻度は？）
- 習い事をはじめたい
- 気兼ねなく誰かと飲みに行きたい
- 子どもの教育資金として、〇年後に〇万円貯めたい

そして、やりたいことや欲しいものがある程度明確になったら、次のことを考えていきましょう。

- そのためにはいくらくらいお金が必要なのか
- 何年でいくら貯める必要があるのか
- 収入と支出のバランスはどうか（収入を鑑み、実現可能なプランになっているか）

また、「何年でいくら貯める必要があるのか」を考える際には、「1年にいくら貯める、すなわち1か月にいくら貯める」というように、より細かくブレイクダウンしていく手法が非常に有効です。

■お金を使う優先順位を決めよう

こうして家計をブレイクダウンしていくと、おそらくやりたいことをすべてやるには、お金が足りないことでしょう。

そこで、**家計においてお金を使う優先順位を決める必要がでてきます。**家族の満足度のために外食費だけはどうしても削りたくない家庭もあるでしょうし、自分の習い事や友人との交際費を削りたくないという家庭もあるでしょう。

自分が本当にやりたいことを我慢することでストレスがたまるくらいなら、その優先順位をきちんと夫婦で決めましょう。**優先順位が高いものにはきちんとお金をかけ、低いものにまでお金をかけていないかを定期的に見直すほうが、幸せな人生を送ることができるのです。**

03 夫婦での危険なお金への向き合い方

ここまで、家庭において夫婦でどのようにお金に向き合うべきかについて触れてきました。そこで逆に、どのように向き合うとよくないのかについても考えてみましょう。

僕は今までの知見から、夫婦がお金に関して次のように向き合っていると危ないなと感じます。

・夫婦でお金を分ける
・お互いがいくら持っているかを明らかにしていない

夫婦でお金を分けている家庭は意外と多いのです。お金を分ける家計のパターンは大きくふたつに分類されます。

1 一方が生活費を渡すパターン

ひとつめは、たとえば夫が1か月働いて稼いだお給料から数万円の生活費を妻に渡して、「この範囲内でやりくりしてくれ」というパターン。

このパターンでは、妻が夫の収入額を知らないという話すら耳にします。家計を見直そうというときに自分の家の収入がいくらあるか知らなければ、手の打ちようがありません。

そこで妻に夫の収入がいくらあるのかを聞いてきてもらっても、夫が教えてくれないケースがあります。さらにひどい場合だと、「誰に入れ知恵された！」、「誰のおかげで生きていられると思ってるんだ！」とキレ出すことも。ここまでくると完全に経済的ＤＶですね。

これは夫が妻にお金を渡しているうちに、自分のほうが偉いと勘違いしてしまうパターンです。こうならないためにも、結婚をしたら早いうちから「お金はふたりで見るものだ」というルールを作り上げていきましょう。

2 夫婦がお互いに共通の生活口座に生活費を振り込むパターン

これは夫婦共働きの家庭によく見られるパターンです。結婚前にしていた生活を、結婚してからも続けてしまっているパターンといってもいいかもしれません。

ふたりともそれなりの収入があるため、特に相手の収入には関与していません。共通の生活口座に一定額を入れたら、残りのお金はそれぞれ自由に使えるというルールです。

このパターンでは、「生活口座以外は夫婦のお金ではなく自分のお金だ」という認識をお互いが持っており、また長年の生活の中で相手の支出は不可侵領域となっているため、お互いの懐事情を知らないケースが多いのです。

ふたつともよくあるパターンのように思えますが、これはどちらもかなり危険です。上手く回っているうちはいいのですが、たいてい家を購入したり、子どもが高校、大学に進学したりするといった**大きなお金が必要になるタイミングで問題が浮き彫りになります。**

1 のパターンでは、妻は毎月もらっている生活費の中で何とかやりくりをしている状態なので、そこからできる貯金はわずか。きっと夫が貯めているだろうと思いながら子どもの進学を迎え、入学金が必要になったときに夫に貯金額を聞くと、まったく貯金されていなかった、というケースが想定されます。

2 のパターンでは、別々の口座で数年間生活を続けてきて、いざ家などの大きな買い物をしようとお互いの貯金額をオープンにしたところ、一方はコツコツ貯金をしてきたのに、パートナーはまったく貯金がなかった、というケースなどが考えられます。

それでも一方に貯金があればまだマシですが、**夫婦どちらも相手任せで貯金をせず、**

フタを開けたら貯金がなかったというケースもありえます。想像するだけで恐ろしいですね。

04 家計の現状を把握しよう

前述のプロセスを経て、ふたりが持っているお金は夫婦共同のものだという考えになってくると、次に出てくるのが「じゃあ今、夫婦でお金をいくら持っているの？」という考えです。

1 今持っているお金を把握する

今、夫婦でいくら持っているかを把握するのは、決して難しいことではありません。次の3つを足しあわせるだけです。

・夫婦の財布の中の現金
・夫婦の銀行口座の中の現金
・夫婦の証券口座の中の現金、株式総額

持ち家や車の資産価値は算入しないでください。なぜなら、「それらの今現在の資産価値」はリアルタイムに数字で明確に把握することができないからです。毎月のローン金額は明確にわかるので、資産というよりはむしろ毎月の固定支出を生み出す負債として考えたほうが把握しやすいのです。

僕たち夫婦も机の上に財布と通帳を出し合って、そのときふたりが持っているお金を計算しました。当時は株も持っていませんでしたし、銀行口座もそんなにたくさん持っていなかったので、計算はかなり簡単でした。

2 毎月の所得を把握する

現在持っているお金を把握したら、次は毎月の所得を把握することが必要です。これは以下の数字を足しあわせることで把握できます。

・夫婦の毎月の給与所得
・夫婦の賞与（ボーナス）
・国や市から定期的に振り込まれるお金（児童手当など）

ここでは、**家庭内で実際に使えるお金がいくらなのかを知ることが大事です。**ですから、給与所得やボーナスは、額面金額ではなく、実際の手取り金額を把握することが重要です。

3 毎月の支出を把握する

今持っているお金、そして**毎月の収入がわかれば、あとは毎月の支出を把握することで、月々いくら貯金できるかがわかります。**その際、支出は固定費と変動費に分けて把握することが肝要です。

■ 固定費を把握する

固定費とは、次のように毎月ほぼ一定額が決まっている支出です。

- ・家賃（家を買った人はローン月額）
- ・車のローン月額や駐車場代、保険。ガソリン代なども大体一定と考える
- ・水道光熱費（ガス、電気、水道）
- ・携帯電話や家の固定インターネット、NHKなどの通信費

・保険料（年払いの場合は、その金額を12で割ったものを1か月の金額とする）
・子どもの学校の給食費、保育園／幼稚園の費用、習い事
・クレジットカードやサービスサイトなどの年会費／月会費

これらをすべて洗い出し、毎月どのくらいの金額が「必ず出ていくのか」を明確に把握する必要があります。

そして、まずは**削れそうな固定費が何かを探してください**。特にスマホ契約時に付帯加入している月額定額サービスのように、利用していないのに毎月気づかずに課金されているようなものは要チェックです。

■変動費を把握する

一方、月々の支出を把握するためには、少なくとも1か月間は何にお金を使ったのかを家計簿で記録して把握する必要がありますから、変動費を把握するには少し手間がかかります。

ただ先に述べたように、将来のプランニングにおいてはそこまで細かい支出把握は不要で、各項目がざっくり月5万円なのか10万円なのかがわかればいいです。変動費は、大体次のような支出がわかれば把握できます。

- 食費
- 交際費
- 交通費（電車、バス、タクシー）
- 趣味（書籍や映画など）
- 医療費
- おしゃれ系（美容院、化粧品、貴金属など）
- 生活雑貨（洗剤やティッシュなど、その他全般）
- 特別支出（大きな家電購入など一過性のもの）

4 毎月の支出を見直す

支出の把握はあくまで第一段階です。把握だけで満足して終わってしまってはいけません。把握した後にきちんと支出を見直して、どこに改善の余地があるのかを分析することで、はじめて効果が出てくるものなのです。これが家計把握の真の目的です。

実際にこうやって家計を把握しはじめると、１年間の食費、交際費、光熱費、通信費、保険料、そして収入からこうした支出を差し引いた貯金額まで、さまざまな情報がどんどん見えるようになってきます。

今まで家計を見たことがない人にこれをやってもらうと、「1年間でこんなにかかってるの？」とびっくりされる方が多いです。

こういうことを知りながら生活するか、それとも知らずにただ漫然とそのときの気分でお金を使って生活するかで、**10年後、20年後に大きな差になって表れてくるのです。**

また僕たちは、毎年1月がはじまった段階で夫婦で話し合って、こうした固定費／変動費／食費／特別支出といった大項目とその下の中項目ごとに年間予算を決め、その予算を12で割って、毎月の予算としました。

ここを見ながら、毎月家計簿を締めたときに、今の支出が予定より大きく上振れていないか、他の月と比較して支出が増加していないかなどをチェックしていき、予算オーバーしていたら引き締めるということをおこなってきました。

こうしてPDCA（計画・実行・評価・改善）サイクルを回すことで、支出を最適化してきたのです。

FIRE仲間コラム14

ミニマリストゆみにゃんさん

ゆみにゃんさんは30代でFIRE。今はYouTubeで節約や投資、海外旅行などについて発信をしています。

そんな彼女も27歳のときは貯金ゼロ。その後、自分を変えようと一念発起し、散財癖をあらため節約をはじめました。そして、転職による引っ越しを機にミニマリズムに目覚めます。

彼女がすごいのは、お金を使うところと使わないところを明確に切り分けているところ。普段の生活ではミニマリズムを貫いている一方で、好きな海外旅行にはお金を惜しみません。先日はピースボートの船旅で世界一周に行かれていました。

この項目でお話したように、そしてゆみにゃんさんのように、人生において何にお金を使うことが幸せにつながるのかを、しっかりと自分で見極めることが大切なのだとあらためて感じます。あなたは、何にお金を使っているときが一番幸せですか？

ゆみにゃんさんのYouTubeやSNSはこちらです。ぜひ覗いてみてください！

X

@yuminyan_mini

YouTube

ミニマリストゆみにゃん

FIRE仲間コラム 15

ゆきみずさん

ゆきみずさんは28歳でサイドFIRE。現在はYouTubeチャンネル運営や上場企業の動画編集、YouTubeコンサルをおこなっています。

ゆきみずさんは努力の人。将来に不安を感じた際、「お金の本を50冊読んで行動しろ」という言葉を信じ、図書館でお金と経済に関する書籍を毎日読みあさりました。同様に本業が多忙で副業ができなくなった際も、ほかに副業がないか書籍を50冊ほど読み、そこでYouTubeに出合ったそうです。

その後YouTubeの外注化やチャンネル多角化に成功し、非属人で総登録者40万人、月収100〜300万円、累計収益1億円を達成されました。

そんなゆきみずさんでも退職は怖く、資金が貯まってからサイドFIREを決断するまでに半年かかったそう。その状況を変えたのは奥様からの言葉。
「一度すぎた時間は二度と取り戻せないんだよ」
ゆきみずさんはこの言葉を聞いた数日後に退職願を提出。勇気のいる決断でしたが、今はその決断にまったく悔いはないそうです。

こうしたゆきみずさんの発信を、ぜひ一度ご覧になってください！

X
@yukimizu4972

公式LINE

YouTube
副業サイドFIRE

YouTube
副業ライフハック

第 6 章

FIRE後の生活のシミュレーション

おおよそ前章までのことを考えたうえで、僕はＦＩＲＥ前にシミュレーションをおこない、将来自分が何歳のときに資産がいくらになっているのかを見ていきました。

僕が作成したオリジナルのＦＩＲＥシミュレーションシートのフォーマットを、左下のＱＲコードからダウンロードできます。ひとつは「エクセル版」、もうひとつは「グーグルスプレッドシート版」です。グーグルスプレッドシート版はパソコンにエクセルが入っていなくても、グーグルアカウントがあれば使用可能です。どちらでも、使いやすいほうをお使いください。

エクセル版

グーグル
スプレッドシート用

■利用手順

エクセル版の場合

ＵＲＬにアクセスしてパスワード「０４２９」を入力するとシミュレーションシートのダウンロードページが開きます。「FIRE_Simulation.xlsx エクセル版」と書かれた赤いアイコンをクリックして、ご自身のパソコンにダウンロードしてください。

グーグルスプレッドシート版の場合

グーグルアカウントがない場合は新たにアカウントを作成してください。あれば使用可能です。ＵＲＬにアクセスしてグーグルスプレッドシートが開いたら、次ページの図のように「ファイル▼コピーを作成」の手順でご自分のパソコンのグーグルドライブ内にコピーをしてください。

グーグルスプレッドシート版　コピー画面

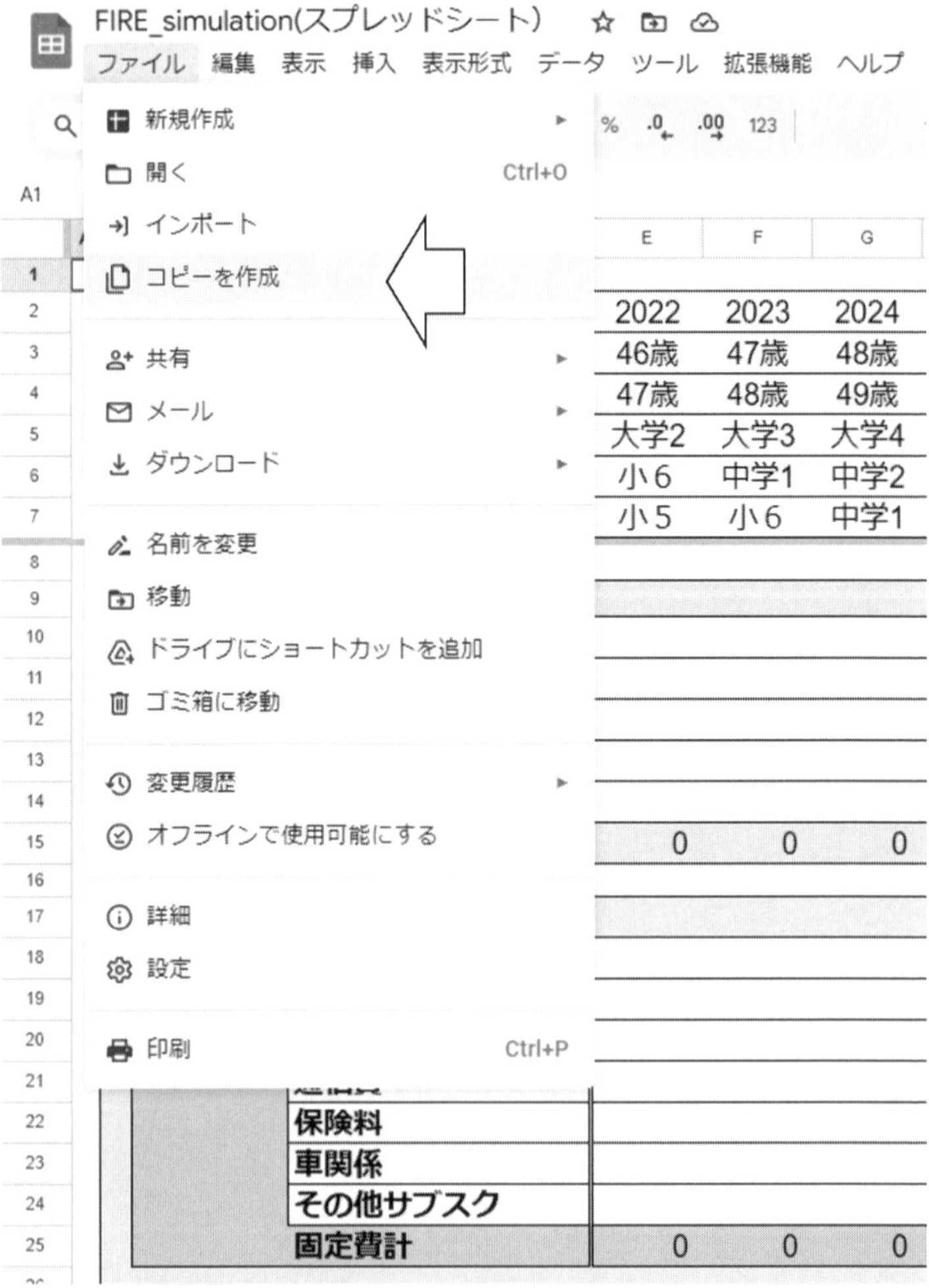
FIRE_simulation(スプレッドシート)
ファイル
編集
表示
挿入
表示形式
データ
ツール
拡張機能
ヘルプ
新規作成
開く
Ctrl+O
インポート
コピーを作成
共有
メール
ダウンロード
名前を変更
移動
ドライブにショートカットを追加
ゴミ箱に移動
変更履歴
オフラインで使用可能にする
詳細
設定
印刷
Ctrl+P
2022
2023
2024
46歳
47歳
48歳
47歳
48歳
49歳
大学2
大学3
大学4
小6
中学1
中学2
小5
小6
中学1
保険料
車関係
その他サブスク
固定費計

01 まったく働かない「FIRE」は実現できるのか？

僕のように子どもがふたりいるケースで、FIREの従来の概念である「運用益だけでまったく働かずに生きていく」というのは本当に可能なのでしょうか。これを、プランニングシートを用いてシミュレーションしていきました。

1 収入と支出をプランニングシートに入力していく

来年から働くのをやめるとした場合のシミュレーションをおこなっていくために、まず次のプランニングシートに収入と支出を記入していきます。単位はすべて（万円）です。お子様の人数に応じて行は増減してください。

FIREシミュレーションシート・フォーマット画面

基本情報		西暦	2022	2023	2024	2025	2026	2027	2028	2029
		夫	46歳	47歳	48歳	49歳	50歳	51歳	52歳	53歳
		妻	47歳	48歳	49歳	50歳	51歳	52歳	53歳	54歳
		こども1	大学2	大学3	大学4	23歳	24歳	25歳	26歳	27歳
		こども2	小6	中学1	中学2	中学3	高校1	高校2	高校3	大学1
		こども3	小5	小6	中学1	中学2	中学3	高校1	高校2	高校3
収入		夫給与／年金								
		夫副業								
		妻給与／年金								
		妻副業								
		株式配当金他								
		収入計	0	0	0	0	0	0	0	0
支出	固定費	家賃／ローン								
		水道光熱費								
		交通費								
		通信費								
		保険料								
		車関係								
		その他サブスク								
		固定費計	0	0	0	0	0	0	0	0
	公的年金系	国民健康保険								
		国民年金保険								
		住民税								
		所得税								
		固定資産税								
		公的年金系計	0	0	0	0	0	0	0	0
	投資系	確定拠出年金 夫								
		確定拠出年金 妻								
		積立投資 家族計								
		投資系計	0	0	0	0	0	0	0	0
	教育費	子ども1学費								
		子ども1習い事								
		子ども2学費								
		子ども2習い事								
		子ども3学費								
		子ども3習い事								
		教育費計	0	0	0	0	0	0	0	0
	変動費	食費								
		交際費								
		趣味費								
		その他支出								
		特別支出								
		変動費計	0	0	0	0	0	0	0	0
		支出計	0	0	0	0	0	0	0	0
差引		収入計	0	0	0	0	0	0	0	0
		支出計	0	0	0	0	0	0	0	0
		差引	0	0	0	0	0	0	0	0
金融資産		現金		0	0	0	0	0	0	0
		株式／投資信託		0	0	0	0	0	0	0
		株式取崩額								
		確定拠出年金 夫		0	0	0	0	0	0	0
		確定拠出年金 妻		0	0	0	0	0	0	0
		資産計	0	0	0	0	0	0	0	0

■収入

これは働かない前提なので、夫婦ふたりの収入をともに0円にします。日本株の配当は現金で入ってきますが、メインで持っている米国株式や投資信託は配当がないため現金収入は入ってきません。これにより、毎年入ってくる収入の合計は日本株の配当7万円のみとなります。

■支出（固定費）

次に固定費を入力していきます。

【支払】
・家賃は月額13万1500円なので、年間158万円
・同様に水道光熱費は月額2万円なので、年間24万円

・交通費は家族4人で月額2万5000円として年間30万円
・通信費は家のネット回線もすべてあわせて年間20万円
・国民健康保険は収入0だと家族で年間15万円
・保険料支払いは年間3万円
・国民年金は夫婦で年間40万円（子どもが大学生のうちは子どもの分も払う）

【積立】
・確定拠出年金は夫婦それぞれ年間82万円
・ドルコスト平均法での積み立ては引き続き夫婦で年間25万円ずつ継続

これらをすべて合計すると、何も特別なことをしなくても生きているだけで年間約500万円の現金が減っていきます。

■教育費

次に教育費です。上の子は大学生なので学費として多めに見積もって年間１５０万円を計上しています。

下の子は中学校までは公立で年間10万円（部活などにかかる費用も考慮）、高校・大学は授業料が最も高いケースを考えて、高校から私立と想定して試算します。

私立高校に必要な金額は多めに見積もって毎年１００万円程度としましたが、東京都では授業料の補助金を毎年45万円程度受け取れるため、かかる費用は55万円としました。また初年度に入学金として30万円を上乗せしています。

私立大学にかかるお金は年間１５０万円。初年度だけは受験料＋入学金として50万円を上乗せした２００万円としています。

また、上の子はもう習い事はありませんが、下の子は塾代他（年間50万円）を加え、さらに受験前は塾代が高騰することを想定して中3と高3時に100万円上乗せしています。

うちの家族構成では、こうした教育にまつわる支出が56歳まで、すなわちあと10年以上続くことになります。

■支出（変動費）

最後に変動費です。食費は子どもたちがいる間は月12万円で年間144万円、子どもたちが就職でひとり家を出ていくごとに月1万円ずつ減っていくように試算しました。

また、その他の変動費（たとえば友人との交際費や衣服や美容院代、日用品など）の総計を今までの家計簿からの平均値で月10万円、年間120万円と試算。

さらに通常の変動費のように、「月額いくら」とかかるものではない冷蔵庫や洗濯機の買い替えやパソコンの購入、家族旅行、冠婚葬祭など、イレギュラーでかかる比較的大きな金額を特別支出として年間100万円計上しました。

この変動費を合計すると、最大で364万円かかることになります。

ここまでの支出を合計すると、これから先の数年間、おおむね年間1100万円程度現金が減っていくことになるわけです。

■資産の伸び率

通常FIREのシミュレーションは運用資産が年間4％で伸びていくという前提で計算されていますが、常に4％で伸びるというのは楽観的だと考え、伸び率を下げて1％の増加率としています。

さて、こうして想定した支出を、シミュレーションシートに入れていくとどうなるでしょうか。

次ページ［図1］の一番下の貯蓄の欄、実線で囲んだ部分を見てください。

2022年開始時現金5400万円、株5800万円ありますが、たった**7年後の**

[図1]収入を得ないと、現金が52歳で枯渇

基本情報		西暦	2022	2023	2024	2025	2026	2027	2028	2029
		夫	46歳	47歳	48歳	49歳	50歳	51歳	52歳	53歳
		妻	47歳	48歳	49歳	50歳	51歳	52歳	53歳	54歳
		こども1	大学2	大学3	大学4	23歳	24歳	25歳	26歳	27歳
		こども2	小6	中学1	中学2	中学3	高校1	高校2	高校3	大学1
収入		夫給与／年金								
		夫副業								
		妻給与／年金								
		妻副業								
		株式配当金他	7	7	7	7	7	7	7	7
		収入計	7	7	7	7	7	7	7	7
支出	固定費	家賃／ローン	158	158	158	158	158	158	158	158
		水道光熱費	24	24	24	24	24	24	24	24
		交通費	30	30	30	30	30	30	30	30
		通信費	20	20	20	20	20	20	20	20
		保険料	3	3	3	3	3	3	3	3
		車関係	0	0	0	0	0	0	0	0
		その他サブスク	10	10	10	10	10	10	10	10
		固定費計	245	245	245	245	245	245	245	245
	公的年金系	国民健康保険	72	72	15	15	15	15	15	15
		国民年金保険	60	60	60	40	40	40	40	60
		住民税	0	0	0	0	0	0	0	0
		所得税	0	0	0	0	0	0	0	0
		固定資産税	0	0	0	0	0	0	0	0
		公的年金系計	132	132	75	55	55	55	55	75
	投資系	確定拠出年金 夫	82	82	82	82	82	82	82	82
		確定拠出年金 妻	82	82	82	82	82	82	82	82
		積立投資 家族計	50	50	50	50	50	50	50	50
		投資系計	214	214	214	214	214	214	214	214
	教育費	子ども1学費	150	150	150					
		子ども1習い事								
		子ども2学費	10	10	10	10	85	55	55	200
		子ども2習い事	50	50	50	100	50	50	100	
		教育費計	210	210	210	110	135	105	155	200
	変動費	食費	144	144	144	132	132	132	132	132
		交際費	90	90	90	90	90	90	90	90
		趣味費	30	30	30	30	30	30	30	30
		その他支出								
		特別支出	100	100	100	100	100	100	100	100
		変動費計	364	364	364	352	352	352	352	352
		支出計	1,165	1,165	1,108	976	1,001	971	1,021	1,086
差引		収入計	7	7	7	7	7	7	7	7
		支出計	1,165	1,165	1,108	976	1,001	971	1,021	1,086
		差引	-1,158	-1,158	-1,101	-969	-994	-964	-1,014	-1,079
金融資産		現金	5,400	4,242	3,141	2,172	1,178	214	-800	-1,879
		株式／投資信託	5,800	5,908	6,017	6,127	6,239	6,351	6,464	6,579
		株式取崩額								
		確定拠出年金 夫	482	569	657	745	835	925	1,016	1,108
		確定拠出年金 妻	82	165	248	333	418	504	592	679
		資産計	11,682	10,719	9,815	9,044	8,251	7,490	6,681	5,808

（単位：万円）

FIRE後の生活を想定して計算してみよう
まず収入はゼロ配当は1年で7万円
タタタッ
支出は…家賃、光熱費、通信費…多いな健康保険に教育費…えーっとあれ？
ん？
タタッ
7年後に現金枯渇ってどういうこと?!
早い!!
ウソでしょ？

2028年、52歳の時点で現金がなくなってしまうという結果でした。

このシミュレーションシートを一番はじめに見たときはショックでした。このとき現金が5400万円あったわけです。20年間頑張って貯金してきて、ある程度安心だろうと心のどこかで思っていたのに、**たった7年でいとも簡単に、現金がスッカラカンになってしまうことが浮き彫りになってしまったのです。**

こうなると株を取り崩して現金化するしかありません。

取り崩す額ですが、売らずに残った株は引き続き年間1％増えていく想定なので、できるかぎり売る額を小さくしたほうが延命できます。そこで実際に必要な金額だけを上手く取り崩すことにします。

［図2］は、必要な金額だけ取り崩したときの試算です。60歳で確定拠出年金を受け取ったとしても、それも64歳にはすべて使い果たして一文なしになってしまいます。

[図2] 株を少しずつ手放すシミュレーション

基本情報		西暦	2032	2033	2034	2035	2036	2037	2038	2039	2040
		夫	56歳	57歳	58歳	59歳	60歳	61歳	62歳	63歳	64歳
		妻	57歳	58歳	59歳	60歳	61歳	62歳	63歳	64歳	65歳
		こども1	30歳	31歳	32歳	33歳	34歳	35歳	36歳	37歳	38歳
		こども2	大学4	23歳	24歳	25歳	26歳	27歳	28歳	29歳	30歳
収入		夫給与／年金									
		夫副業									
		妻給与／年金									
		妻副業									
		株式配当金他									
		収入計	0	0	0	0	0	0	0	0	0
支出	固定費	家賃／ローン	158	158	158	158	120	120	120	120	120
		水道光熱費	24	24	24	24	24	24	24	24	24
		交通費	30	30	30	30	30	30	30	30	30
		通信費	20	20	20	20	20	20	20	20	20
		保険料	3	3	3	3	3	3	3	3	3
		車関係	0	0	0	0	0	0	0	0	0
		その他サブスク	10	10	10	10	10	10	10	10	10
		固定費計	245	245	245	245	207	207	207	207	207
	公的年金系	国民健康保険	15	15	15	15	15	15	15	15	15
		国民年金保険	60	40	40	40	20				
		住民税	0	0	0	0	0	0	0	0	0
		所得税	0	0	0	0	0	0	0	0	0
		固定資産税	0	0	0	0	0	0	0	0	0
		公的年金系計	75	55	55	55	35	15	15	15	15
	投資系	確定拠出年金 夫	82	82	82	82	82				
		確定拠出年金 妻	82	82	82	82					
		積立投資 家族計									
		投資系計	164	164	164	164	82	0	0	0	0
	教育費	子ども1学費									
		子ども1習い事									
		子ども2学費	100								
		子ども2習い事									
		教育費計	100	0	0	0	0	0	0	0	0
	変動費	食費	132	120	120	120	120	120	120	120	120
		交際費	90	90	90	90	90	90	90	90	90
		趣味費	30	30	30	30	30	30	30	30	30
		その他支出									
		特別支出	100	100	100	100	100	100	100	100	100
		変動費計	352	340	340	340	340	340	340	340	340
		支出計	936	804	804	804	664	562	562	562	562
差引		収入計	0	0	0	0	0	0	0	0	0
		支出計	936	804	804	804	664	562	562	562	562
		差引	-936	-804	-804	-804	-664	-562	-562	-562	-562
金融資産		現金	413	609	400	729	1,746	1,184	622	60	-502
		株式／投資信託	1,574	590	0	0	0	0	0	0	0
		株式取崩額	1,000	1,000	595						
		確定拠出年金 夫	1,390	1,486	1,583	1,681	0	0	0	0	0
		確定拠出年金 妻	948	1,040	1,132	0	0	0	0	0	0
		資産計	3,377	2,685	1,984	2,410	1,746	1,184	622	60	-502

（単位：万円）

ＦＩＲＥをするには、支出が多すぎじゃないか？　と思われる方もいるかもしれません。しかし第1章でも述べたとおり、僕たちは20代から今までかなり支出を抑えて生活してきており、その当時と比較して今の生活が贅沢をしていたり、無駄遣いをしていたりする意識はありません。相変わらず毎月支出はちゃんとチェックしていますし、大きな無駄遣いは排除し続けています。

そんな僕たちでもこれだけ支出が膨れ上がる……これが子どもをふたり育て、大学を卒業させるということなのです。

今子どもがいる方は、子どもが保育園や小学校低学年の間の支出額で先々のシミュレーションをしないようにしてください。教育費が一気に膨れ上がるのが高校～大学の期間なのです。

2 ＦＩＲＥ後、無収入だとした場合の結論

今回のシミュレーションの結果として、夫婦ふたりがまったく働かずに資産を取り

崩していくと、**1億円あっても、子どもふたりを私立の高校・大学に行かせた場合には60代前半に資産が底をついてしまうことが判明しました。**人生100年と考えるとあまりにも早すぎる結果ですから、僕たちはサイドFIREの形で収入を得続けなければいけないということが明確にわかりました。やはりこうしたシミュレートをきちんとすることが重要ですね。

02 シミュレーション：FIRE後の世帯年収400万円

1 世帯年収400万円のケースを考えてみる

そこで次に、FIREしたあと、夫婦がそれぞれ何らかの形で年間収入200万円（月間収入16万7000円）を稼いで世帯年収が400万円になったケースを考えてみました。

■60歳までの資産推移

［図3］は、このときの資産推移です。まったく収入がない状態だと52歳で現金が尽きる試算でしたが、世帯年収が400万円になると、その時期が55歳までズレます。この程度の現金不足なら、株式や投資信託を取り崩していけば維持でき、60歳を迎えたときに7800万円の資産が残っている計算になります。

■60歳以降の試算

60歳より先になると、年金の受給がはじまる65歳まではそれまでと同じく年収200万円ずつ稼ぐと試算。65歳からは最も収入が低いケースで試算するため、僕が年間156万円、妻が年間100万円の合計256万円の年金受け取りだけが収入だと想定しました。また60歳を迎えると確定拠出年金を受け取ることになります。あわ

［図3］夫婦がともに年200万円稼いだ場合

基本情報		西暦	2028	2029	2030	2031	2032	2033	2034	2035	2036
		夫	52歳	53歳	54歳	55歳	56歳	57歳	58歳	59歳	60歳
		妻	53歳	54歳	55歳	56歳	57歳	58歳	59歳	60歳	61歳
		こども1	26歳	27歳	28歳	29歳	30歳	31歳	32歳	33歳	34歳
		こども2	高校3	大学1	大学2	大学3	大学4	23歳	24歳	25歳	26歳
収入		夫給与／年金									
		夫副業	200	200	200	200	200	200	200	200	200
		妻給与／年金									
		妻副業	200	200	200	200	200	200	200	200	200
		株式配当金他	7	7							
		収入計	407	407	400	400	400	400	400	400	400
支出	固定費	家賃／ローン	158	158	158	158	158	120	120	120	120
		水道光熱費	24	24	24	24	24	24	24	24	24
		交通費	30	30	30	30	30	30	30	30	30
		通信費	20	20	20	20	20	20	20	20	20
		保険料	3	3	3	3	3	3	3	3	3
		車関係	0	0	0	0	0	0	0	0	0
		その他サブスク	10	10	10	10	10	10	10	10	10
		固定費計	245	245	245	245	245	207	207	207	207
	公的年金系	国民健康保険	15	15	15	15	15	15	15	15	15
		国民年金保険	40	60	60	60	60	40	40	40	20
		住民税	0	0	0	0	0	0	0	0	0
		所得税	0	0	0	0	0	0	0	0	0
		固定資産税	0	0	0	0	0	0	0	0	0
		公的年金系計	55	75	75	75	75	55	55	55	35
	投資系	確定拠出年金 夫	82	82	82	82	82	82	82	82	82
		確定拠出年金 妻	82	82	82	82	82	82	82	82	
		積立投資 家族計	50	50	50						
		投資系計	214	214	214	164	164	164	164	164	82
	教育費	子ども1学費									
		子ども1習い事									
		子ども2学費	55	200	100	100	100				
		子ども2習い事	100								
		教育費計	155	200	100	100	100	0	0	0	0
	変動費	食費	132	132	132	132	132	120	120	120	120
		交際費	90	90	90	90	90	90	90	90	90
		趣味費	30	30	30	30	30	30	30	30	30
		その他支出									
		特別支出	100	100	100	100	100	90	90	90	90
		変動費計	352	352	352	352	352	330	330	330	330
		支出計	1,021	1,086	986	936	936	756	756	756	654
差引		収入計	407	407	400	400	400	400	400	400	400
		支出計	1,021	1,086	986	936	936	756	756	756	654
		差引	-614	-679	-586	-536	-536	-356	-356	-356	-254
金融資産		現金	1,600	921	335	-201	-737	-1,093	-1,449	-673	754
		株式／投資信託	6,464	6,579	6,695	6,762	6,829	6,898	6,967	7,036	7,107
		株式取崩額									
		確定拠出年金 夫	1,016	1,108	1,201	1,295	1,390	1,486	1,583	1,681	0
		確定拠出年金 妻	592	679	768	858	948	1,040	1,132	0	0
		資産計	9,081	8,608	8,231	7,856	7,483	7,291	7,101	8,045	7,861

（単位：万円）

60歳で
7,800万円残る

せて交際費と特別支出も10年ごとに年10万円ずつ減らしてみました。

この場合、70歳で現金がなくなる計算となり、そこから株式や投資信託を取り崩していく必要があります。するとその結果、**資産が尽きるのは【図4】のように100歳以降という計算になりました。**

この試算だとかなり余裕ができますね。今まで自分の人生の時間の大半を使って年収2000万円を稼ごうとしていたのが、自分の好きなことをして最低でも年収200万円稼げばいいのかと思うと、ものすごく気が楽になります。

2 FIRE後、夫婦それぞれが200万円稼いだときの結論

僕は、実際にこの表を完成させたあと、少し働くだけでこんなに延命できるのかと驚いて二度見しました。

[図4] 老後の試算

基本情報		西暦	2071	2072	2073	2074	2075	2076
		夫	95歳	96歳	97歳	98歳	99歳	100歳
		妻	96歳	97歳	98歳	99歳	100歳	101歳
		こども1	69歳	70歳	71歳	72歳	73歳	74歳
		こども2	61歳	62歳	63歳	64歳	65歳	66歳
収入		夫給与／年金	156	156	156	156	156	156
		夫副業						
		妻給与／年金	100	100	100	100	100	100
		妻副業						
		株式配当金他						
		収入計	256	256	256	256	256	256
支出	固定費	家賃／ローン	120	120	120	120	120	120
		水道光熱費	24	24	24	24	24	24
		交通費	30	30	30	30	30	30
		通信費	20	20	20	20	20	20
		保険料	3	3	3	3	3	3
		車関係	0	0	0	0	0	0
		その他サブスク	10	10	10	10	10	10
		固定費計	207	207	207	207	207	207
	公的年金系	国民健康保険						
		国民年金保険						
		住民税	0	0	0	0	0	0
		所得税	0	0	0	0	0	0
		固定資産税	0	0	0	0	0	0
		公的年金系計	0	0	0	0	0	0
	投資系	確定拠出年金 夫						
		確定拠出年金 妻						
		積立投資 家族計						
		投資系計	0	0	0	0	0	0
	教育費	子ども1学費						
		子ども1習い事						
		子ども2学費						
		子ども2習い事						
		教育費計	0	0	0	0	0	0
	変動費	食費	120	120	120	120	120	120
		交際費	50	50	50	50	50	50
		趣味費	30	30	30	30	30	30
		その他支出						
		特別支出	60	60	60	60	60	60
		変動費計	260	260	260	260	260	260
		支出計	467	467	467	467	467	467
差引		収入計	256	256	256	256	256	256
		支出計	467	467	467	467	467	467
		差引	-211	-211	-211	-211	-211	-211
金融資産		現金	265	304	343	382	420	209
		株式／投資信託	974	734	491	246	0	0
		株式取崩額	250	250	250	250	249	
		確定拠出年金 夫	0	0	0	0	0	0
		確定拠出年金 妻	0	0	0	0	0	0
		資産計	1,239	1,038	834	628	420	209

（単位：万円）

・まったく働かない＝64歳で資産０
・月16万７０００円稼ぐ＝１００歳まで資産が残る

夫婦でお互いが65歳まで月16万７０００円を稼ぐことは現実離れした数字ではありませんが、**それだけでなんと36年以上も延命できるのです**。しかも65歳以降は一切働かない年金暮らしの前提です。

そしてやはり興味深いのが、ふたりの子どもの学費が重なるときに年間１０００万円近い支出だったのが、夫婦ふたりになると半分程度になること。僕たちの家庭は、子どもが全員家を出ていく57歳時点で、ようやく支出面で独身の人たちのＦＩＲＥと同じ条件になるということです。

とはいえ僕が90代のときに、50代や60代と同じだけのお金の使い方をしているとは思えません。ですからきっともう少し収入が少なくても大丈夫だとは思いますが、ひとまず目指すべきは夫婦それぞれが年収２００万円というラインだとわかっただけでも、このシミュレーションの価値があったといえるでしょう。

ぜひあなたも、お金が足りるかどうかわからないから今のまま動かないというのではなく、このような**シミュレーションシートを作成して、自分の将来を試算してみてください。**一気に怖さがなくなりますよ。

FIRE仲間コラム16

YASさん

YASさんは会社員・個人事業主・合同会社の経営者として三足のワラジをはき、28歳でFI（経済的独立）を達成。「二兎を追う者だけが二兎を得る」をモットーに、本業の外資系大手コンサルファームでも最大限注力しながら、副業として事業をなんと6つも展開しているというから驚きです。

まだ副業が当たり前ではなかった新卒入社時から副業に取り組み、周囲の声に流されることなく、諦めずに歯を食いしばって試行錯誤してきたそう。

そんなYASさんの、これから副業に挑戦する人に贈るメッセージがこちら。

「まずはどんなに小さな一歩でもいいから、小さくはじめて継続することが大切。安定収入のある会社員だからこそ、挑戦しないことをリスクと捉え、失敗を恐れず挑戦・行動変容していきましょう」

YASさんはFI達成後も、その先にある「遊ぶように働く」がどのような世界観で、周囲にどう影響を与えるのか、今も身をもって実証実験中だそうです。

YASさんの事業やSNSはこちらです。ぜひ覗いてみてください！

［事業まとめ］

https://lit.link/yasuakiimai

第7章

Q&A
ぶっちゃけ「教えてください、寺澤さん」

僕はＦＩＲＥの前後で生活や考え方が大きく変わりました。そしてこの「ＦＩＲＥ前後で何がどう変わったか、どう感じているのか」について、多くの方から質問をいただきます。

そこで、この章ではＱ＆Ａ形式でいただいた質問に答えながら、ＦＩＲＥ後に僕の環境／感情／価値観がどのように変化したかについて言及していきます。

Q01 1億円を持つというのはどんな気持ちですか

1億円という金額は、私には途方もない金額のように感じます。そこで質問なのですが、1億円を手にするとどのような気持ちになるものなの

―でしょうか。また、どんな生活になるのでしょうか。

ご質問の方と同じように、20代や30代の僕にとっても、１億円なんていう金額は途方もないものでした。ですが、最初は１００万円を貯めるところからはじまり、そこから５００万円、１０００万円、２０００万円……と一歩一歩を進めてきて今に至ります。

もし僕が、所持金０円に近い状態から宝くじか何かで１億円を手にしたのであれば、自分を取り巻く世界は大きく変わっていたと思います。家に使うのか、車に使うのか、それとも友人との飲み代にするのかはわかりませんが、お金の使い方も一気に派手になっていたでしょう。

そして一気にお金を使いすぎて数年で使い切ったあと、その暮らしのレベルを下げることができずに、生活に窮《きゅう》してしまっていたかもしれません。

このようにして、お金がない状態から宝くじで1億円を手にしたときの気持ちというのは、一気にバラ色の人生だと感じ、「これからこの1億円をどう使ってやろうか」というワクワク感でいっぱいだと思うのです。

しかし、実際1億円を手にした僕の気持ちはどうだったかというと、この状況とはまったく正反対でした。

何十年もかけて日々コツコツと資産を構築していく生活の延長線上にある1億円というのは、**想定どおりといった感じで、特に大きな気持ちの変化というのはありませんでした。**

毎月家計簿をつけながら将来の貯蓄額を試算し、「このペースだとこの月までには1億円貯まりそうだな」といったことを考えていたので、1億円を超したときにも「ひとつの目標点に到達した」、「よくここまでこられたな」という達成感はあったものの、それ以上でもそれ以下でもなかったように思います。

ただ、大切に大切に育てて大きくしてきた資産です。「これからこの1億円をどう使ってやろうか」なんて、1ミリも思いませんでした。愛《いと》しいわが子のようだというと言いすぎかもしれませんが、それくらい頑張って育てたと自信を持って言える努力の結晶でした。

ちなみにこの話は1億円に限りません。貯蓄1000万円の人が、頑張って1000万円を貯めた人に「1000万円を手にしたときの気持ちってどんな感じですか」と聞くのもまったく同じです。そう考えると、イメージしやすいのではないでしょうか。

Q02 会社に行かなくていいというのはどんな気持ちですか

私は大学を卒業して就職してからずっと同じ会社で働いており、一度も仕事を辞めて会社に行かなくていいという状況になったことがありません。会社に行かなくていいというのはどのような気持ちなのでしょうか。不安になったりしないのでしょうか。

ご質問される気持ち、よくわかります。経験上、この「会社に行かなくてもいい」ということに対する解放感と、それと同時に襲ってくる不安感というのは、辞めてみないと本当にわからないものです。

1 若くして次を決めずに退職したときの不安感

僕自身は、会社に行かなくていい状況になったのは今回のFIREが2回めです。1回めは先の自己紹介で述べたように、次のことを何も決めずに新卒で入った会社を10か月で辞めたときでした。

そのときの僕は、まだ23歳。辞めて1か月めは解放感でいっぱいだったのですが、2か月めあたりからは「まわりの友人はみんな仕事をバリバリやっているのに、自分だけが朝起きてもいく場所がなく、社会から取り残されたような気持ち」になり、**非常に苦しかったのを覚えています。さらにお金もどんどん減っていき、不安に拍車がかかりました。**

当時はいきおいで会社を辞めてしまいましたが、辞めるまで、まさか自分がこんな気持ちになるなんて想像もしていませんでした。ご質問のとおり、きっと何のプランもないまま会社を辞めた場合は、当時の僕と同じようにかなり不安になると思います。

ただ、**僕もあのころは若すぎたので、「会社で働かない自分のような人間はダメだ」という常識にとらわれすぎていた一面もあったかとは思います。**

2 今回の退職で感じた成長

しかし、きちんとプランニングをおこない、資産も構築し、十分働いた後の44歳での退職では、次のとおり23歳のころとはまた違った感情を抱きました。

- 将来を見通せていると不安がなくなる
- 企業で働かないことがダメだと思わなくなった
- 自身が成長し、停滞に寛容になれた

■ **将来を見通せていると不安がなくなる**

まず、退職が計画的であったため、次のように将来がある程度見通せました。

・自分が最低限いくら稼げば何歳まで生きられるのか
・その稼ぎはどうやって生み出せばいいのか
・まったく稼ぎがなかったとしてもいつまで資産がもつのか

こうしたことをきちんと知っておくだけでも、漠然とした不安がなくなるものです。

■ **企業で働かないことがダメだと思わなくなった**

23歳のころは、企業に所属していないと世の中から取り残された感じを受けていましたが、**今ならそれは視野が狭かったからだといえます。**

僕も40代半ばとなり、働き方にもさまざまな形があることを知りました。企業に所属していることがすべてではなくなったため、「このままでは自分はダメな存在になってしまう」と自分自身を追い込むような思考をすることもなくなりました。

むしろ、会社から給与をもらうのではなく、自分の力でどこまでできるかを試せると思い、ワクワクしています。

■自身が成長し、停滞に寛容になれた

23歳のころは、会社を辞めたあとに何も成長していない自分に対して、「このままじゃヤバい」、「何かを学ばないといけない」と焦りばかりが生まれていました。たった数か月だったのですが、停滞している自分の人生を受け入れられませんでした。

一方で今回のＦＩＲＥにあたっては、**「少しくらい停滞したからといって、人生に大きな影響はない」と寛容になれたと感じます。**今ではむしろ、退職したほうが成長するのではないかとすら思っています。

ただ、こうして企業で仕事をしなくなったことに関してはドンと構えられるようになりましたが、別の意味で環境の変化にとまどうことがありました。

3 FIRE後のとまどい

長く会社員をしていたこともあり、退職後に特にとまどったのが、平日の日中に外を出歩くことです。

僕は今までずっと内勤でオフィスにいる生活をしていたので、平日の日中に新宿や銀座の街を歩いている自分に大きな違和感と、何とも言えない罪悪感を抱いてしまったことを思い出します。

刷り込みというのは本当に恐ろしいもので、頭では「もう会社に行かなくていい」とわかっているはずなのに、潜在意識が「えっ、本当に平日の昼間に外を出歩いてもいいの？」と語りかけてきます。
この状態が退職後1～2か月は続きましたから、本当の意味で会社勤めから解放されたのは3か月くらい経ってからでしたね。

思い起こせば、我々は就職してからどころか、小学校に入学して以来、必ず「決められた時間に決められた場所へ行って、勉強もしくは仕事をする」という生活を送ってきているはずです。ですから、**「日中は必ずどこかで頑張っていなければならない」という感覚が染みついているのでしょう。**

僕自身も学生時代から毎日、晴れの日も雨の日も、体調のいい日も悪い日も、とにかく学校や会社に遅刻しないように意識し、日中は頑張って勉強や仕事をする生活をし続けてきました。

特に会社員になってからは、朝の6時台に起き、満員電車に駆け込み、メールの対応に追われ、会議に参加し、合間を縫《ぬ》って資料を作り、夜になったら帰る……といったことをずっとくり返してきたわけです。

そんな生活から一気に「どこにも行かなくていい生活」になったら、それは心のどこかで不安になったりとまどったりして当たり前。心から自由を得るためには、何十年分もの思い込みの鎧《よろい》を脱ぎ捨てるためのリハビリが必要だと思います。

僕自身もその鎧を脱ぐのに少々時間がかかりましたが、**その後は「人生のすべての時間が自分のための時間である」という感覚を持つことができました。**まだ若いうちにこの感覚を持てたことは、自分の人生にとって非常に有意義だったと感じます。

Q03 FIREしても、たまに会社に行きたくなりませんか

――FIREをしていると、自由な時間がある一方で、ひとりの時間も長いと思いますが、たまに会社に行きたくなったりしませんか。

この質問も、かなり多くの人に聞かれます。きっとみなさんの中で「会社に行かなくなる＝孤独・寂しさ」と直結しているのだろうと思います。

ただ、それは誤解だと言いたいですね。

1 FIREをしても孤独になるわけではない

たしかにFIREすると平日の日中に仕事で誰かと関わることがなくなりますから、会社員時代と比べて人と会ったり話をしたりする機会は減ります。

しかし、だからといって本当の孤独になるわけではありません。今までの友人とは今までどおり、土日や彼らの会社が終わった後に会えばいいわけです。そしてこれからは、そこに**平日の昼間に会える友だちを積み上げていけるわけですから、友だちの数は増えていくのです。**

僕自身も、昔からFIREしていた友人にまわりの友人を紹介してもらったり、SNSでFIREアカウントの方々とつながったりすることで、人間関係を広げていっています。新しい環境で新しい人とつながるのも、また楽しいものです。

2 たまに承認欲求がわき起こる

そんなことを言っている僕も、会社を辞めて数か月ほどは、たまに「会社で働きたい」という気持ちが出てくることがありました。

それは「人に会いたい／話したい」というよりは、「会社という大きな組織の中で、自分に対して評価をしてほしい」という承認欲求からきていたように思います。

ただ、今となって振り返ると、承認欲求のために会社で働きたいというのは明らかに気の迷いでした。

仕事は遊びではありませんし、結果を出さなければなりません。生半可な気持ちでは通用しないし、甘くないのです。承認欲求のために会社に行きたいというのはおかしな話です。これは孤独の解消のために会社に行きたいと考えることも同様です。

あわせて、そのために1日8時間拘束されても構わないかと考えると、やはり解決の方向性が間違っているように感じます。

FIREを決断している時点で、責任のある大きな仕事や時間的拘束から自由になろうとしているはずです。その束縛から解き放たれた瞬間に「やっぱり寂しいから、評価してほしいから会社に戻りたい」と過去にすがるのではなく、まずはしっかりと前を向いて、**会社に勤めること以外の方法で孤独の解消や承認欲求を満たすことを考えるべきです。**

FIREとは、単にお金が貯まったから安易に会社を辞めるということではありません。こうした覚悟も必要なのです。

とはいえ、FIREが自分に合うかどうかなんてやってみないとわからないわけですから、FIREに踏み切ったあとで「やっぱりこれは自分の求めていたものと違うな」、「会社員のほうがよかった」と思うのであれば、すぐに会社員に戻ればいいと思います。

会社に戻るのも戻らないのも、自分の人生。誰の目も気にする必要はありません。**自分が後悔しないような選択肢を選びながら生きていけば、それでいいのです。**

Q04 金銭面以外で会社員のほうがよかったなと思うことはありますか

――毎月の安定収入が得られるという意味では会社員が最強だと考えているのですが、お金の面以外で会社員のほうがよかったなと思うことはあり

――ますか。

面白い質問ですね。もしかしたらご質問者自身も金銭面の安定以外の会社員の良さが見つかっておらず、こういうご質問になったのかもしれません。

たしかに本書では「いつか会社員から脱却しよう」という主張を書いてきましたが、僕自身は会社で働くということは、悪いところばかりではないと感じています。

今回のご質問には「金銭面以外で」という条件がついていますが、たしかに会社員には月々の安定収入のほか、福利厚生がある、社会保険料を会社が半分払ってくれる、社会的信用がありローンが組めるなど、金銭面のメリットが多いです。

では逆に金銭面以外ではどのようないいところがあるだろうかと考えたとき、僕は「経験」と「仲間」のふたつが頭に浮かびました。それぞれについてお話をしていきます。

1 さまざまな経験をして成長できる

会社員であることで一番いいと思う点は、**「会社は、給与をもらいながらさまざまな経験ができ、どんどん成長できる場である」**ということです。

会社を辞めて独立した場合、仕事を選ぶことができますから、どうしても自分のできる範囲内で仕事をこなそうとしてしまいがちです。一方会社だと、自分で仕事を選ぶことができませんから、そのときの実力では難しい仕事もどんどん降ってきます。

そういう難しい仕事を、苦しみながらも上司や同僚のサポートを得て達成していくことで、どんどん自分の視野が広がり、視座が高まり、視点が増えていきます。

僕自身も、著書『40歳でGAFAの部長に転職した僕が20代で学んだ思考法』で書いたように、25歳のときに当時の経営企画本部長から学んだロジカルな考え方の基礎が、会社を辞めた今も僕の血肉となっています。

僕がもし20代でフリーランスになっていたら、そうした経験のない40代になっていたわけです。今の僕からその経験をなくしたら一体どうなっていたかと思うと、少し怖いですね。

このように、**会社の仕事で成長させてもらうことは人生の基盤になります。**長く会社員をしていると、「給与をもらいながら自分の実力を超えた経験をさせてもらえる」という恩恵を忘れてしまいがちですが、その環境にいられるということは幸せなのです。

2 苦楽を共にした仲間ができる

こうした難しい仕事を、苦しみながら共にやりぬいた上司や同僚とは、普通の友人関係とは違う、尊敬の気持ちが混ざった関係になります。

仕事帰りに飲みに行ってプロジェクトの方向性を熱く議論したり、大変なときに一緒に徹夜で乗り切ったり、仕事を完遂したときに一緒に喜び合ったりした中で生まれる友情というのはすごく強固で、人生の宝物になります。

通常、友だちというのは育った環境や年齢が近いものですが、**こうした苦楽を共にした仲間との友情は、環境や年齢がまったく異なる間柄でも成立するものです。そして、こうした仲間を作ることができる場が会社なのです。**

僕も会社員経験の中で、多くの人たちと一緒に仕事をさせてもらい、たくさんの仲間を作ることができました。

ですからＦＩＲＥをした今でも、会社員をしていて本当によかったなと心の底から思います。

Q05
肩書がなくなるというのはどんな感じですか

寺澤さんにはこれまで、常に大学や企業名などの肩書がついて回っていたと思います。この肩書がなくなるというのはどんな感じですか。肩書が外れたあとに「あなたは何者ですか」と聞かれたら、自分ならどのように答えるだろうと想像すると言葉に詰まったので、ご意見をうかがいたいです。

肩書は上手く使えばいいものであって、普段からそれに縛られるものではないと考えています。

また、ご質問にある「あなたは何者ですか」の回答として肩書を使っても、それはまったく自分自身を表現していることにならないなと、いつからか感じていました。

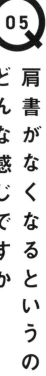

たしかに自己紹介のとき、「GAFAで事業企画部の部長職に就いています」と言うと、「すごいですね！」という反応が返ってくることはありました。しかしそれは、僕ではなくてその企業がすごいわけです。

それよりは「作家としてビジネス書を書いています」、「FIREして自由な人生を送ることを決意しました」、「将来の夢は、自分の経験を世の中に伝えて、多くの人の人生に影響を与えることです」と言ったほうがよっぽど自分らしい肩書、自己紹介になるなと感じています。

僕は僕であり、企業や所属体の一部ではありません。自分の紹介をするのに、企業という概念から抜け出せたという意味では、肩書はなくなってよかったのかなとは思います。

とはいえ、20年以上大きな企業でさまざまな仕事を経験させてもらったことはすべて自分の血肉となっているわけですから、使える場面ではそうした肩書も効果的に使っていければと思います。

これは一見矛盾しているように思われるかもしれませんが、企業など自分が所属している場所の名称に固執する、もしくはそれしか肩書がない状態になってしまうのではなく、自分でも自分なりの肩書を持ち、そのうえで所属組織の情報は効果的に使っていくような、二刀流のスタンスでいられたらいいなと思っています。

Q06 社会とつながっている感覚はありますか

――会社に行かなくなると、途端に人と会う回数が減ると思いますが、ＦＩＲＥをした後に社会とつながっているという感覚はありますか。

僕もＦＩＲＥする前、いただいた質問のような内容が不安で、ネットで調べまくっていたことがありました。

しかし、「社会とつながっている／つながっていない」とはどういう状態を指すのだろうかと突きつめて考えると、実際には自分の中で全然具体的にイメージできていなかったことに気づいたのです。

・なんとなく寂しいんじゃないかな
・孤独なんじゃないかな

こういう状態をふんわりと「社会からのつながりが切れる」というのだと考えていたところがありましたね。ただ、実際には次のようにさまざまな社会とのつながりがありました。

・SNSによる社会とのつながり
・オンライン化による社会とのつながり
・作品を通じた社会とのつながり

1 SNSによる社会とのつながり

今の時代はSNSがあるので、社会から疎外されている感じはまったくしません。LINEやフェイスブックなどでは友人たちと常にやり取りをしていますし、Xでは今まで会ったことのないFIRE達成者の方とつながって平日昼間に会ったりしているので、むしろ会社に行っていたころよりも新しい人とのつながりはどんどん広がっているように感じます。

そういう意味では、十分社会とつながっているといえるのではないでしょうか。

2 オンライン化による社会とのつながり

また、世の中にオンライン化が進んだことで、全国の方々と気軽に話ができるようになりました。これも社会とのつながりに一役買っているように感じます。

大勢でリアルの場で会おうとすると1~2か月に1回程度が限界なのに、オンラインだと頻繁に交流ができますし、夜寝る前に少し参加するなど、気軽に話をすることもできます。

最近だと友人たちとオンラインでマーダーミステリーなどのゲームをプレイしたり、音声をつなぎながら動画鑑賞したりしています。

もちろんリアルで会うことに比べると話しにくくはなりますが、それでも気軽に友人たちと同じ時間を共有できる環境があるのはありがたいです。オンライン化の急速な浸透には感謝しかありません。

3 作品を通じた社会とのつながり

SNSやオンラインでの交流に加えて、僕は執筆業をしているので、**自分の著書を通じて自分の考えを多くの人に知ってもらえることで、社会とつながっている感覚を得られていると感じます。**

X上で僕の著書を紹介してくださっているのを見かけたり、ダイレクトメッセージで直接作品の感想を伝えていただけたりすると、それだけでもうれしい気持ちでいっぱいになります。

これからも創作活動は続けていくので、作品の数だけ社会とのつながりが増えていくことになればいいなと思っています。

結論としては、「会社を辞めると人と会わなくなり、社会的に人との交流が断絶するのが怖い」と思われているかもしれませんが、今の時代はそんなことないですよ、ということを伝えたいです。

今あなたの友だちでいる人が、あなたが会社を辞めたことで友だちではなくなるということなんてありません。むしろ会社以外のつながりが増える分だけ、世界が広がっていくと思います。前向きにとらえて、怖さや不安を吹き飛ばしていってください。

Q07 FIRE後に、やりたいことがなくなったらどうしますか

FIREしたら時間がたっぷりあるため、やりたいことをやりつくしてしまうような気がします。もしやりたいことがなくなったらどうしますか。ただ、FIRE生活には締切りがないので、私の場合は何事も完成まで持っていけないような気もします。

やりたいことがなくなったらどうするのか。

このご質問をいただくまで、やりたいことがなくなるなんて考えたことがありませんでした。

みな、自由が欲しい一方で、自由になったらどうやって時間を使えばいいのかわからなくなるようです。その気持ち、わかります。僕も会社員時代の大型連休は、休みを持て余してしまっていましたから。

日ごろから「ここに行きたいな」とか「これをしてみたいな」と考えておかないと、毎日忙しい状態から急に連休を手にしても、何もすることなく時間が過ぎ去ってしまいますよね。

とはいえＦＩＲＥ後は、日々忙しい中にいきなり空白の時間が現れたりするわけではありませんから、日ごろからちょっとずつやりたいことを見出していけばいいのではないかと思います。

そうは言っても、特にやりたいことがない人もいるでしょう。そうした方に向けて、僕の考えを述べていきます。

1 やりたいことがなくなったらどうするか

僕はやりたいことがなくなったら、とにかく人に会いまくるでしょう。**人に会うことで、新たな趣味や可能性に気づかせてもらうことは本当に多いです。自分だけの視野・視座・視点から物事を見ていたら気づけないことは、世の中にたくさんあります。**

先日友人と話していたときに、「そもそも趣味って、ＦＩＲＥした人のためにあるんですよ。もっといろんなことに挑戦したらいいじゃないですか」と言われて、ハッとしました。

今の趣味をやりつくしたと感じたら、新しい趣味を見つければいいだけ。やったことがないことをやってみて「めっちゃ楽しい！」と感じたら、それを新しい趣味として続ければいいですし、「イマイチだな」と感じたら別の趣味にチャレンジすればいいだけの話なのです。

そう考えると、ＦＩＲＥ生活を充実させるために最も大切なのは「好奇心」なんでしょうね。

2 ものごとを完成まで持っていけない人へ

あともうひとつ、ご質問された方は「締切りのない中ではものごとを完成させられない」と書かれていましたのでお話をさせてください。

ＦＩＲＥでは、何かをしようとしても会社と違って納期がありません。ですから、誰かに追い立てられないと最後までたどり着けない人は、なかなか完成しないことでしょう。

ただここで勘違いしてほしくないのが、「完成させられない人＝ダメな人」ではないということです。ＦＩＲＥした後は自由なので、完成させたい人は完成させればいい

いし、それができない人は無理にやらなくてもいいのです。

会社みたいに一度やると言ったことを責任感を持ってやりきらないといけないわけではないですし、結果を出さないと評価されないということもありません。そういうことから最も遠い位置にあるのがFIREなのです。

やる自由も、やらない自由もあるのがFIREであるととらえ、自身がノンストレスに過ごせることを一番に考えて、「何をするのが自分の幸せか」で決めればいいのです。

Q08 FIRE生活をダラけずに過ごすコツはなんですか

――「FIRE=学生時の夏休み」のイメージで、最初は解放感があるものの、1年も続けると飽きてしまうのではないかと想像しています。自分が過ごしてきた夏休みを振り返ると、ＦＩＲＥをしてもダラけそうで、途中で会社員に戻ってしまうような気がしました。ＦＩＲＥ生活をダラけずに過ごすコツを教えていただきたいです。

ＦＩＲＥ＝学生の夏休みという感覚が面白いですね。僕は学生のときの夏休みってそんなにダラけてたかな……。まったく覚えてないです。

まずご質問を読んでいて感じたのが、「ＦＩＲＥをしたあとに、ダラけたらいけないのか？」ということです。

1 人はダラけてはいけないのか

学生がダラけてはいけないのは、学業があるからでしょうか。
会社員がダラけてはいけないのは、仕事があるからでしょうか。
そして、ＦＩＲＥした人がダラけてはいけないのは、ＦＩＲＥ生活を常に楽しまないといけないからなのでしょうか。

本当はそんなことはありません。**学生だって会社員だって、ずっと真面目に勉強や仕事をし続けていては疲弊してしまいます。もちろんＦＩＲＥした人だって、人生を楽しみ続けなきゃいけないというルールを自分に課すと疲れてしまいます。みんな、もっとダラけていいのです。**

それなのに、どうしてダラけてはいけないと感じてしまうのでしょうか。それは、今までの人生で我々はずっと「ダラけてはいけない」と教えられ続けてきたからです。

特にＦＩＲＥの本質は、好きなときに好きなことができること。ＦＩＲＥしたあとは、ゲームしたければゲームしたらいいし、勉強したければしたらいいし、ダラけたければ、ダラけてもいい。その選択肢があるというのがＦＩＲＥ。ダラけずに人生を充実させ続けないといけないなんて、つらいＦＩＲＥだなあと思います。

何もしない、ムダな日があったって別にいい。
そう考えると、少し楽になりませんか？

2 会社員に戻るという発想

そして、もうひとつご質問の中で気になったのは、「ダラけそうな気がして、途中で会社員に戻ってしまう」というフレーズです。

きっと、「会社に縛られたほうが生きていきやすい」と考えているということですよね。ですが、一度会社に縛られることから解放されると、そういうことをまったく思わなくなります。

「ダラけてはいけない」という固定観念を取り払うのと同様に、「会社に頼らなくても生きていける」と思えたら、もっと人生の選択肢が増えて、楽しくなるでしょう。

もちろんそのためには、会社での仕事のほかに天職と言えるものを見つけないといけませんが、それを探すのも人生のひとつの目標であると思うと、それもまた楽しいものです。

Q09 お子さんは、FIREした父親のことをどう思っていますか

私にも子どもがいるので、お子さんが会社に行っていない父親のことをどう思っているのか、またお子さんの人生観にどのような影響を与えたかを聞きたいです。

家族がいながらFIREを目指している方は、「会社に行っていない親のことを、子どもがどう思うのか」が気になるようです。

正直なところ、「なんでみんなそんなことを気にするの？　親が幸せに生きている姿を子どもに見せていれば、会社に行ってるかどうかなんてどうでもいいじゃん！」と思うのですが、もしかしたら自分の子どもだけではなく、子どもの友だちやその友だちの親を含めたまわりの目を気にしてしまっているのかもしれません。

ですが、サイドＦＩＲＥをする場合、収入を得る方法を会社の給料から違う方法に変えるだけの話なので、ある意味転職に近いと言っても過言ではありません。

「仕事をすること・お金を稼ぐこと＝会社に行くこと」という固定観念から脱却をすることがＦＩＲＥの意義であり、ＦＩＲＥを目指している方は、今まさに時代の最先端を進もうとしているわけです。しばらくしたら時代のほうがついてきますから、それまでの辛抱です。

ちなみに寺澤家は、ＦＩＲＥした当時上の子が大学1年生で、下の子が小学5年生でしたが、このふたりの反応は大きく違っていました。

1 大学1年生の反応

上の子はもうFIREの価値をわかっているので、ずっと企業勤めしている父親よりもFIREした父親のほうに誇りを持っているようです。

僕はFIREに至る前の2年間はフル在宅勤務で、上の子が学校にいく前にメールチェックをはじめ、夜中までずっとパソコンに張りついていました。そうした父親の姿を知っていたからか、僕が「FIREしたいんだけど」と言ったときは「外資系辞めるのもったいないねー!」と言いつつも、「十分頑張ってきたし、ちょっと楽をしたほうがいいよ」と受け入れてくれました。

本人もあと数年で就職して社会に出ていくことになりますが、「自分も将来的に、お父さんと同じような人生設計をしていきたい」と言っています。

自分がこうありたいという姿は、具体的に頭に思い描かなければ実現しないわけですから、今のうちからそういうビジョンを持っておくことは素晴らしいことだと思います。

その観点からいうと、上の子の人生観には間違いなくいい影響を与えていると思います。

2 小学5年生の反応

一方下の子は、まだFIREの意味も価値もわかっていません。幸いなことに2年間のフル在宅勤務期間を経て父親がずっと家にいる環境が当たり前になっていたため、その状況に違和感はなかったようですが、「会社を辞める」と伝えたときは、「じゃあお金はどうするの?」と不安が先行していたようです。

FIREした当初、「お父さんが無職は嫌だな……」と結構真剣に受け止めているのを見て、「大丈夫、安心して。無職じゃなくて作家だから。働き方を変えただけだからね」と説明し、「作家なら無職じゃないね」という着地点で腹落《はらお》ちしたようです。

親の人生の選択は、子どもに対して少なからず影響があります。しかも**その影響は金銭的な範囲にとどまらず、どのようにお金を稼いで生きていくのかという職業観、人生観にまで及んでいくことになるでしょう。**

下の子も、間もなく中学生になりますから、いずれいろいろなことを聞いてくるようになるだろうし、聞いてきてほしいとも思います。

親がどんな仕事をしているかなんて、仮にずっと在宅勤務をしていても、子どもにはわかりません。会社に出社しているならなおさらです。

ですから親としては、ただ働いている姿を見せて背中で語るだけではなく、**「自分はどう生きていこうとしているのか」というビジョンをきちんと自分の言葉で子どもたちに説明していくことに価値がある**なと感じます。

Q10 FIREしたあとに価値観は変わりましたか

FIREを実現され、会社員と比較して大きく人生が変化したと思います。会社員の人生、FIRE後の人生を両方経験されて、人生において価値観が変わったところはありますか。

FIRE前後の価値観で最も大きく変わったのは、お金と時間に対する感覚です。

SNSなどを見ていると、「世の中やっぱりお金だよ」という意見を見かけます。そして実際FIREするまでは、僕もそう思っていた節がありました。毎日夜中まで働いてでもいいから、高い年収を得たいという考え方ですね。

しかしある程度お金を貯めてみると、「これ以上人生の時間を費やしてお金を貯めたとしても、通帳の数字が増えていくだけで自分の幸せにはつながらないな」と感じるようになりました。

こうして、ようやく**「お金より自由な時間のほうが圧倒的に大事だったんだな」**と思えるようになったのです。

しかし、単純にFIREをしたから時間のほうが大事だと感じたのではありません。その価値観に至るまでには、次のふたつの段階を経る必要がありました。

・第1段階：一度自由な時間を手に入れる
・第2段階：自由な時間を失う

「健康の大切さは失ってからはじめて気づく」と言います。時間の価値に関しても同様に、一度自由な時間を手に入れてから、さらにそれを失って、はじめて時間の大切さを身に染みて感じたのです。

そして対照的に、自由な時間を手に入れる前は、どれだけ時間を失っていても、その損失にまったく気づいていませんでした。

1 第1段階：一度自由な時間を手に入れる

会社員である間は、平日に自由な時間がないことが当たり前でしたから、その状態でさらなる残業や通勤時間でいくら時間を失っても、麻痺していて一切気づきませんでした。21時まで残業するのも、23時まで残業するのも、感覚的に大して変わらなかったのです。

ところがそんな会社員だった僕が、ＦＩＲＥをしてはじめて「自分の時間」を手に入れました。

最初はその時間をどう使えばいいんだと戸惑いましたが、徐々にその生活にも慣れてきます。そうなると、「週5日、場合によっては週6日働いていたころにはもう戻れないな」とぼんやり思うようになってくるものです。

ただこの段階では、まだそこまで「時間が大事だ！」と感じることはありません。ようやく健康な人が健康を意識しない状態になっただけでした。

2 第2段階：自由な時間を失う

そして僕はこのような自由な状況から、友人の仕事を少し手伝うことになりました。そして依頼された資料作成に追われたり、一週間のうち数日が拘束されたりするようになると、この自由な状況が一変したのです。

毎日「いつでもウェルカム！　遊ぼう！」という状況から、この曜日はNG、この日もNG……と遊ぶ予定以外でどんどんスケジュールが埋まっていきます。

週6日働いていた環境から週0日というまったく働かない環境を経て、週2日働くことになると、この週2日の拘束がもう耐えられなくなってきます。

しかも、遊んでいる間も頭のどこかに仕事の残タスクがチラついてしまっていました。こうして、休みの日でも仕事に縛られている会社員と何ら変わらないマインドになってしまったのです。

ここではじめて「時間を使って仕事をしてお金をもらうのも大切だけど、自由な時間はもっと大切だ」、「たった週2日でも拘束されるのは本当に苦痛だ」と強烈に感じることになりました。

これが、僕の言いたかった**「自由な時間の大切さは一旦得てから、それを失ってはじめて気づく」ということです。**

ちなみにこの「時間は本当に大切。週2日も拘束されるなんて耐えられない」という価値観についてまわりに熱く話しても、みんなキョトンとして「理解できない」という顔をします。

第1段階の「一度自由な時間を手に入れる＝週0日の労働時間」というプロセスをほとんどの人が経験していないため、「週2日拘束の何がつらいの？　めっちゃいいじゃん」と言われて、なかなか理解してもらえないのです。価値観が変わりすぎるのも考えものかもしれません。

これがFIRE後に僕が感じた一番大きな価値観の変化です。**たった週2日の拘束で自分の心がこれだけつらいと感じるようになるなんて、FIRE前には思いもよりませんでした。**

人というのは、環境によってどんどん変わっていくものですね。

Q11 FIREした今、あらためて幸せとは何ですか

――寺澤さんはFIREした今、あらためて幸せとは何だと思いますか。

幸せとは何か。非常に壮大なテーマですが、FIREしてからは幸せな状態が続いているので、このご質問を機に幸せについてあらためて考えてみました。

そこで気づいたことは、少し逆説的ではありますが、**「幸せというのは、不幸せを感じないことだ」ということです。**

人によって不幸せを感じる基準はさまざまだと思いますが、僕自身はストレスがかかると不幸せになるタイプです。そしてそのストレスというのは、僕の場合「何かをやらないといけない」という強迫観念からくることが多く、主に納期やノルマ、品質の基

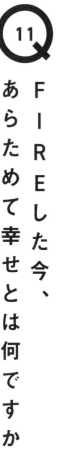

準をクリアしなければいけない「会社の仕事」からくることが多かったなと感じます。

しかし、FIREしてからは、基本的に誰かの仕事のために時間を使うということがなくなりました。自分のやりたいことだけを好きなようにやっているので、締切りに追い立てられることも、売上目標に到達しないときにどうやって言い訳しようかと悩むこともなく、ストレスを感じる場面が一切ありません。

「したいことができる」
そして、
「したくないことをしなくていい」

これがFIREをして一番よかったと感じることであり、僕にとっての「幸せ」なのだなと感じています。

FIRE仲間コラム17

林原琢磨さん

FIREにはいろいろな形がありますが、なかでもユニークで面白いのが琢磨さんのFIRE。

①性格診断ツール「エレメンツコード®」の開発者

②「立地」専門のマーケティングコンサルタント

③コミュニティ運営の主宰者

の3つの顔を持つ彼は、「価値を生み出し続ける技術」を確立したことと、それをベースにしてコミュニティ運営という「仲のいい友だちと交流しているだけで収入が生まれる仕組み」を構築したことで、FIREを達成。「自分の才能を思いっきり行使する働き方」も、「好きな人とだけ関わって生きる暮らし方」も、貯金額にかかわらず、もっと早い段階で別の道で実現できるのではないかと考えて実行してきたそう。

FIREというと金融資産の構築にばかり目がいきがちですが、「お金もスキルも人間関係も、それらはすべて等しく『資産』であり、言うなれば構築していく順番が違うだけ」という彼の考え方には、目から鱗が落ちる思いでした。

みなさんも金融資産だけにとらわれず、視野を広げ、自分なりのFIREへの道を探してみてください。

琢磨さんのSNSなどはこちらです。お気軽にフォローしてください!

X

@takuma_hakobune

Instagram

エレメンツコード無料診断

書籍

実践!「繁盛立地」の判定・分析・売上予測

おすすめのもう1冊

本書のコラムに出てきたFIRE仲間を含め、
20人がFIRE前後の赤裸々な体験談を
語ってくれた貴重な1冊!

Amazonにて好評発売中!

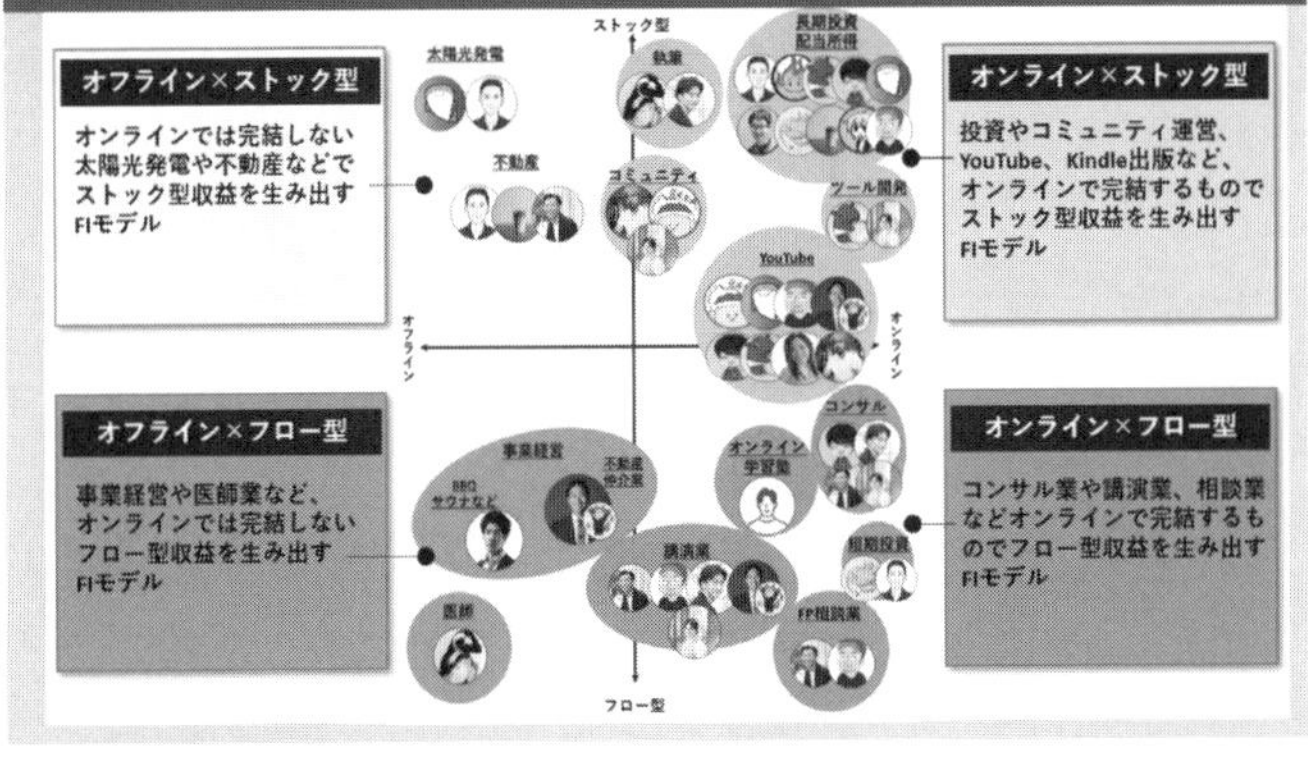

あとがき――FIREは、ゴールではない。第2の人生のスタートなのだ

2021年7月、僕は会社のみなさんに次のような最後の挨拶メールを送りました。


2017年5月に入社してから、非常に濃密な時間を過ごさせていただきました。

その間、みなさまにはあたたかいご指導、ご支援を賜り、スピード感のある対応、ロジカルな考え方など非常に多くのことを学ばせていただきました。

仕事に不満はまったくなかったのですが、働きながら作家デビューし、3冊の本を出版したことが人生を変える大きな転機となりました。

これからの人生ですが、今の会社からの卒業だけにとどまらず、会社員からも卒業

し、著書『自分の強みを引き出す4分割ノート術』でも書いたように「好きで得意なことで生きていく」ことに決めました。

具体的に決まってるわけではないですが、これからも引き続き作家、講演家としても活動をしていくかたわら、エクセルマクロを教えているかもしれませんし、電子書籍から商業出版をした経験をもとに出版コンサルをやってるかもしれません。あるいはゲーム実況をしているかもしれませんし、夜には飲み会イベンターとしていろいろな人と交流して生きているかもしれません。

自分では起業・独立というよりも巷で言われているFIREのような感じに近く、自分の好きなときに好きなことを楽しんで、それでいてその活動がお金を生み出すような、『遊ぶように生きる』といった生き方を体現したいと考えています。

僕の会社員人生はひとまず明日で終了となりますが、人としてのつながりはこれで切れてしまうわけではないので、今後とも末永く変わらぬお付き合いのほど、何卒宜しくお願い致します。

最後に、この素晴らしい企業で働けたことを心から誇りに思います。

みなさま、本当にありがとうございました！


このメールの中で、僕は会社を辞めるだけじゃなく会社員からも卒業すること、FIREして好きで得意なことで生きていくことを宣言しました。

なぜなら、以前の僕のように「60歳にならないと自由を得られない」と盲目的に信じてしまっている人たちに、そうではないと気づいてもらいたかったからです。

思えば僕はずっとそういうことをしてきています。処女作の『40歳でGAFAの部長に転職した僕が20代で学んだ思考法』で、なぜこんなタイトルにしたのかというと、同じ40代のみなさんに、「今からでも遅くない、人生は十分変えられるんだ」と伝えたかったからなのです。

同様に『強みを引き出す4分割ノート術』では、「生きていくためにつらい仕事をずっとし続けている人たちに、本当に輝ける場所がどこかを探してほしい」という思いを綴《つづ》らせていただきました。

そして今、昔の僕と同じように「妻がいる、子どもがいる、だから本当は自分の好きなことを好きなようにしたいけれど、我慢しなくてはいけない」と思い込んでしまっている人たちに対して、「FIREに向けて一歩踏み出そう、自分の好きなことで生きていこう！」というメッセージを出したくて本書を書きました。

こうして多くの方にさまざまな著書を読んでもらうことで、みなが人生を好転させ、幸せになってくだされば、作家としてこんなにうれしいことはありません。これが、僕のFIRE後の存在意義になっていけばいいなと思っています。

――そして、本書の内容を実行してFIREを目指し、幸せになってもらいたい

僕たち夫婦は44歳で1億1０００万円貯めましたが、30代で４０００万円くらいは貯めていました。ですから、20代、30代であっても本書の考え方は再現性があるはずです。

これに長期投資を組みあわせれば、今まだ若い方々なら資産1億円の達成も夢ではありません。

こうした貯蓄、投資は時間による効果が非常に大きいですから、できるだけ早い時期に投資の大切さに気づいて行動を起こすことがポイントです。

若いうちにしかできないこともありますから極端な節制はしなくてもいいと思いますが、少しずつでもいいので投資をはじめておいてください。

そして、会社員の間に自分がＦＩＲＥしたあとにどんなことに注力して生きていきたいかを具体的に思い描きながら、夢に向かって一歩一歩着実に準備をしていってください。

いつかあなたの夢が叶い、FIREをしたあとにその夢で生きていけるようになり、人生がもっともっと楽しいものになることを心から願っています。

2024年4月　寺澤伸洋

寺澤伸洋　てらさわ・のぶひろ

17年間の日系企業勤めのあと、外資系企業に4年間在籍。在職中に執筆活動を開始し、1億円を貯めてFIRE達成。現在は作家・講演家として活動中。
『君たちはFIRE後どう生きるか』（電子書籍）、『40歳でGAFAの部長に転職した僕が20代で学んだ思考法』（KADOKAWA）など、著書多数。
著書一覧はホームページ参照。ホームページ：https://cheersmywife.com/
X：@ohtsuma

出版プロデュース　中野健彦（booklinkage）
編集協力　小西洋一（春燈社）
ブックデザイン　小口翔平＋村上佑佳＋須貝美咲（tobufune）
イラスト　ヤギワタル
DTP　村岡志津加（Studio Zucca）
校正　植嶋朝子
編集担当　池上直哉

ぶっちゃけFIRE 手取り25万円で子育てしながら1億円ためる方法教えます

著者　寺澤伸洋
編集人　栃丸秀俊
発行人　倉次辰男
発行所　株式会社主婦と生活社
〒104-8357 東京都中央区京橋3-5-7
Tel 03-5579-9611（編集部）
Tel 03-3563-5121（販売部）
Tel 03-3563-5125（生産部）
https://www.shufu.co.jp
製版所　株式会社公栄社
印刷所　大日本印刷株式会社
製本所　小泉製本株式会社
ISBN978-4-391-16197-7